AF602240

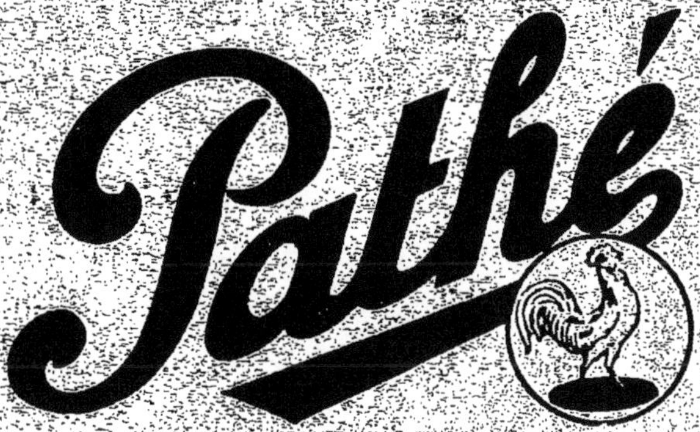

Cie Gle des Machines Parlantes

PATHÉ FRÈRES

Socté Anme au Capital de 12 000 000 de Frs dont 10 200 000 remboursés

30, BOULD DES ITALIENS, PARIS

Pathéphones

BREVETÉS S.G.D.G.

Appareils Portatifs Diffusors, Meubles, Accessoires

Voir au verso les

SEULS PRIX EN VIGUEUR

à dater du 1er JUIN 1926

1926

Peubeik 3

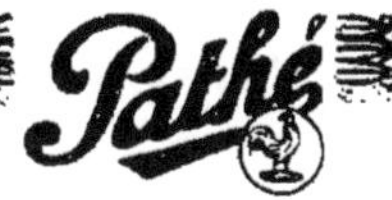

INDEX

Pages

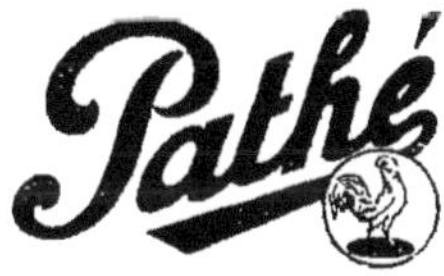

EXIGEZ CETTE SIGNATURE.

Les prix indiqués dans ce Catalogue sont susceptibles de modifications.

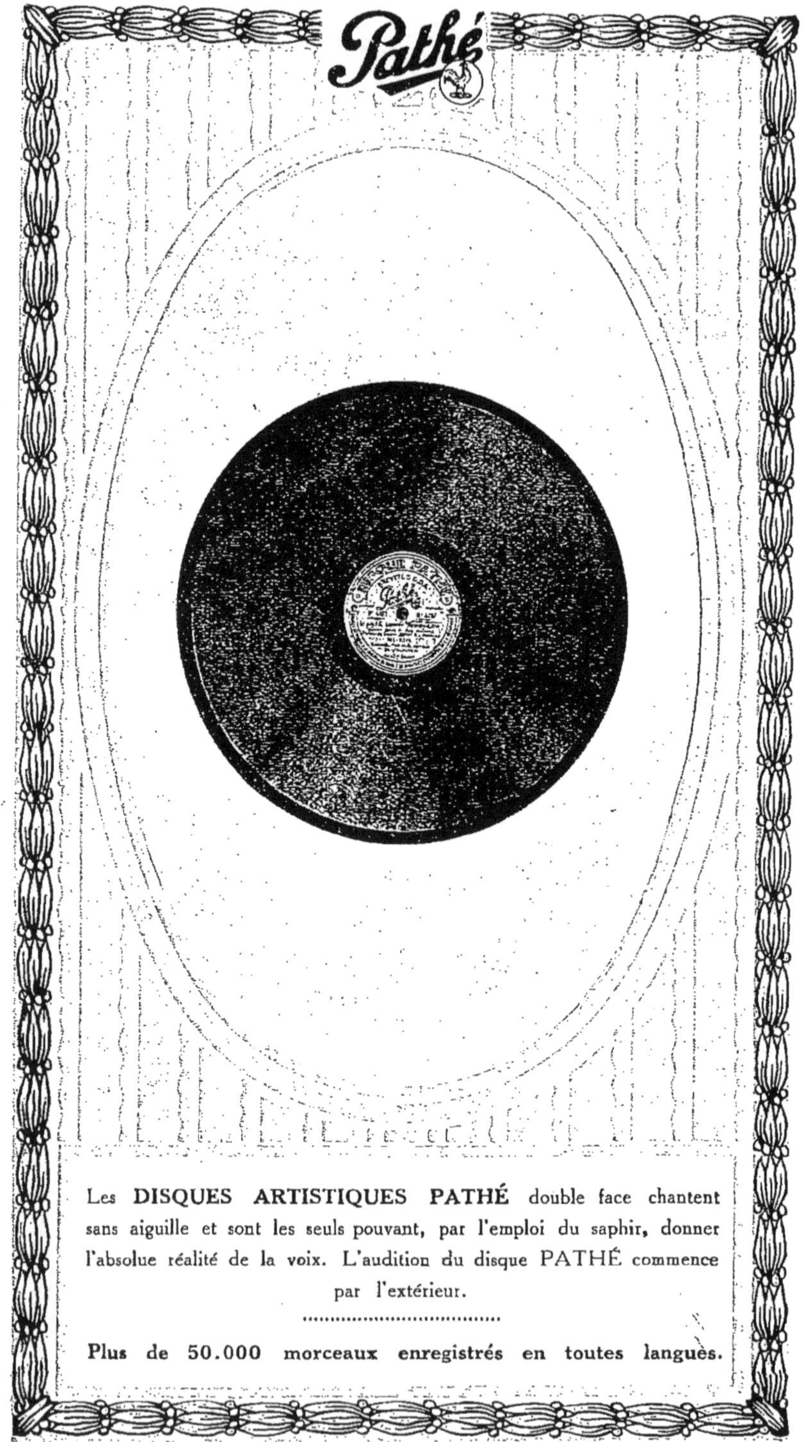
Pathé
Les DISQUES ARTISTIQUES PATHÉ double face chantent sans aiguille et sont les seuls pouvant, par l'emploi du saphir, donner l'absolue réalité de la voix. L'audition du disque PATHÉ commence par l'extérieur.
Plus de 50.000 morceaux enregistrés en toutes langues.

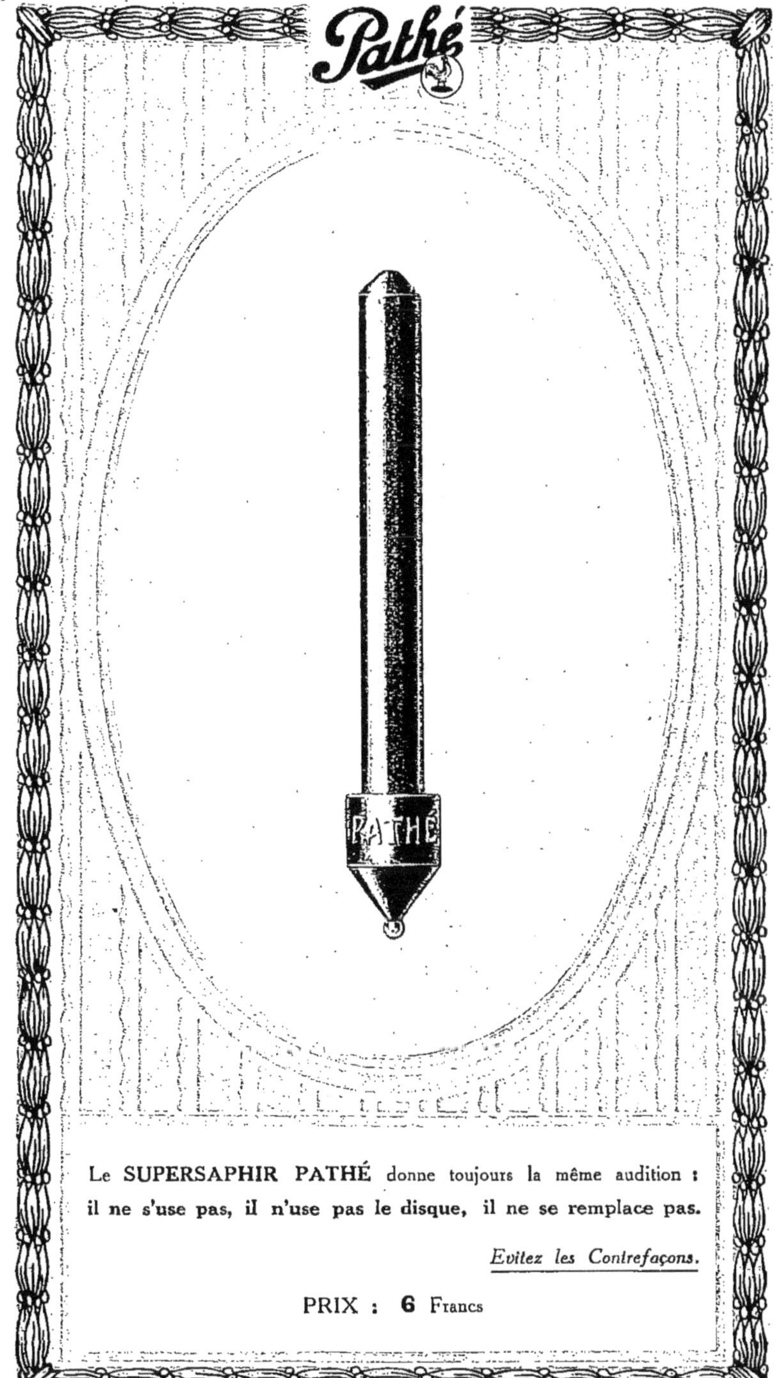
Pathé
PATHÉ
Le SUPERSAPHIR PATHÉ donne toujours la même audition : il ne s'use pas, il n'use pas le disque, il ne se remplace pas.
Evitez les Contrefaçons.
PRIX : 6 Francs

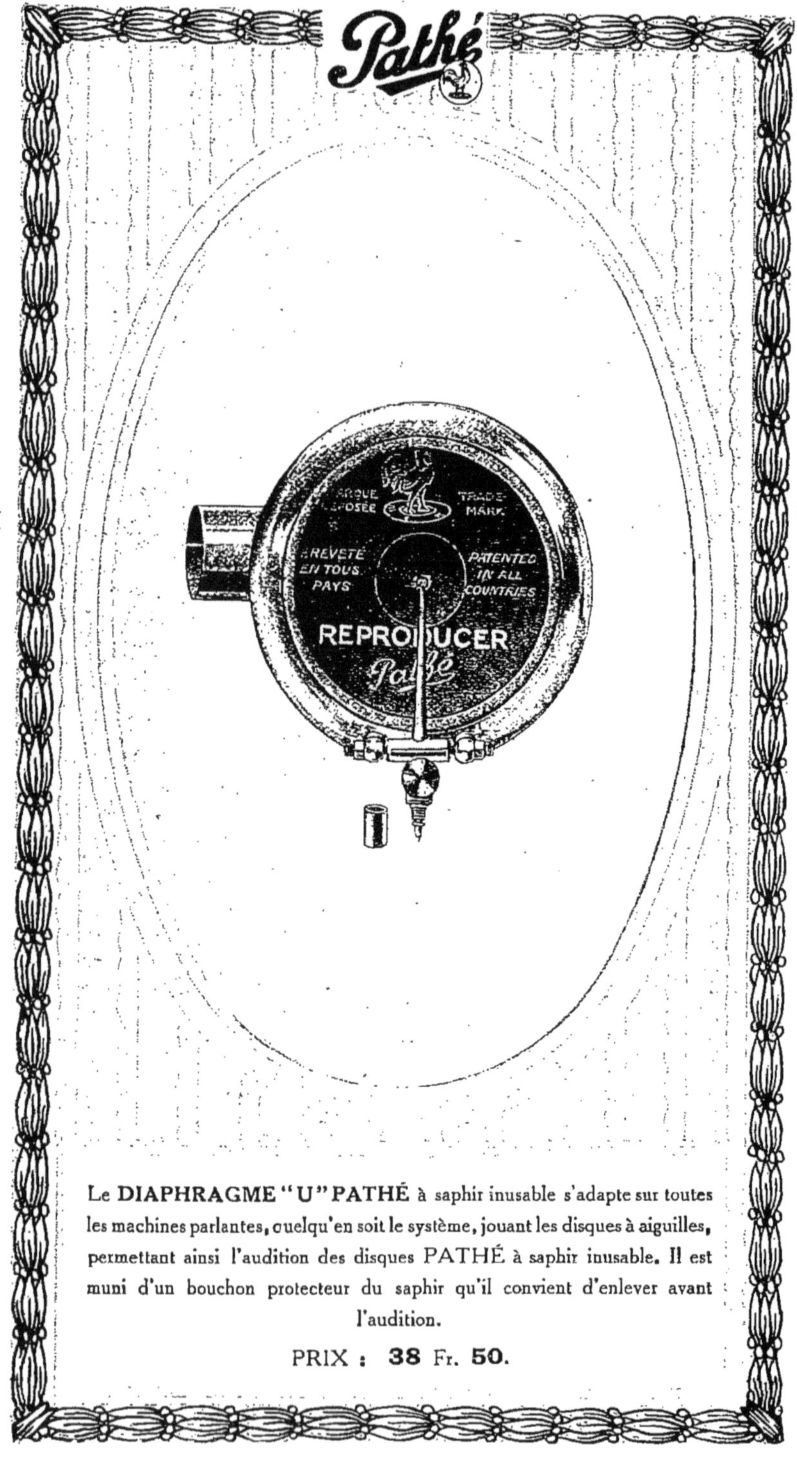

Le **DIAPHRAGME "U" PATHÉ** à saphir inusable s'adapte sur toutes les machines parlantes, quelqu'en soit le système, jouant les disques à aiguilles, permettant ainsi l'audition des disques PATHÉ à saphir inusable. Il est muni d'un bouchon protecteur du saphir qu'il convient d'enlever avant l'audition.

PRIX : **38** Fr. **50.**

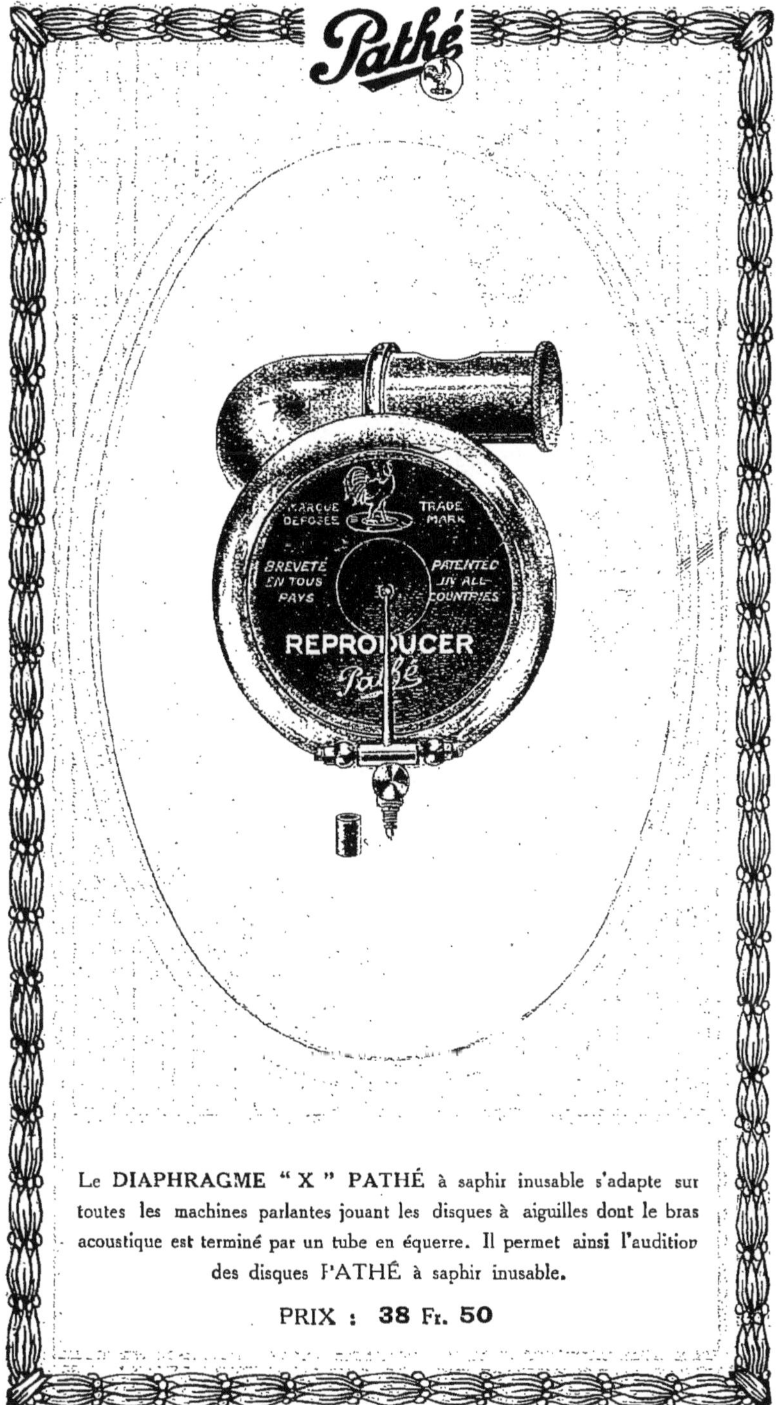

Le **DIAPHRAGME " X " PATHÉ** à saphir inusable s'adapte sur toutes les machines parlantes jouant les disques à aiguilles dont le bras acoustique est terminé par un tube en équerre. Il permet ainsi l'audition des disques PATHÉ à saphir inusable.

PRIX : **38 Fr. 50**

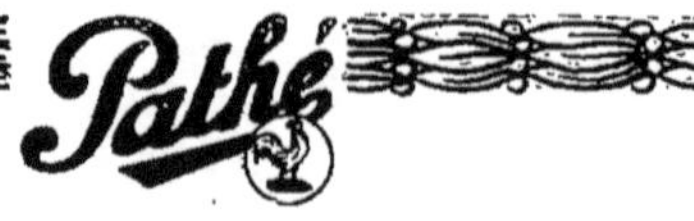

Les PATHÉPHONES PORTATIFS

LES nouveaux PATHÉPHONES PORTATIFS ont été l'objet de tous nos soins. Sous un volume *le plus réduit possible,* ils offrent toutes les garanties de *qualité* et de *solidité* et donnent des *auditions d'une pureté incomparable.* Ils peuvent jouer les *disques de toutes dimensions.*

Toujours soucieux de justifier la réputation de notre marque, nous avons écarté les appareils minuscules, assimilables à des jouets qui ne jouent que les petits disques et dont le rendement est forcément défectueux.

En un mot, nous avons tenu, par-dessus tout, à établir des appareils pratiques qui constituent l'idéal pour les déplacements et qui réunissent également les tout derniers perfectionnements apportés aux MACHINES PARLANTES.

Nous restons donc persuadés que les nouveaux PATHÉPHONES PORTATIFS trouveront le meilleur accueil auprès de notre clientèle, à laquelle ils donneront la plus entière satisfaction.

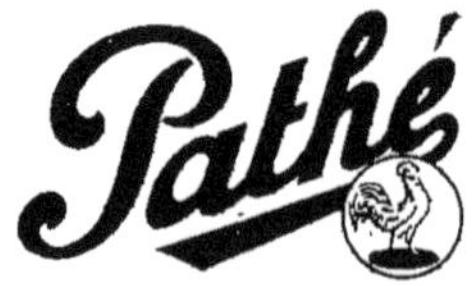

EXIGEZ CETTE SIGNATURE

Voir à la dernière page les dimensions, poids et Code télégr. des PATHÉPHONES PORTATIFS.

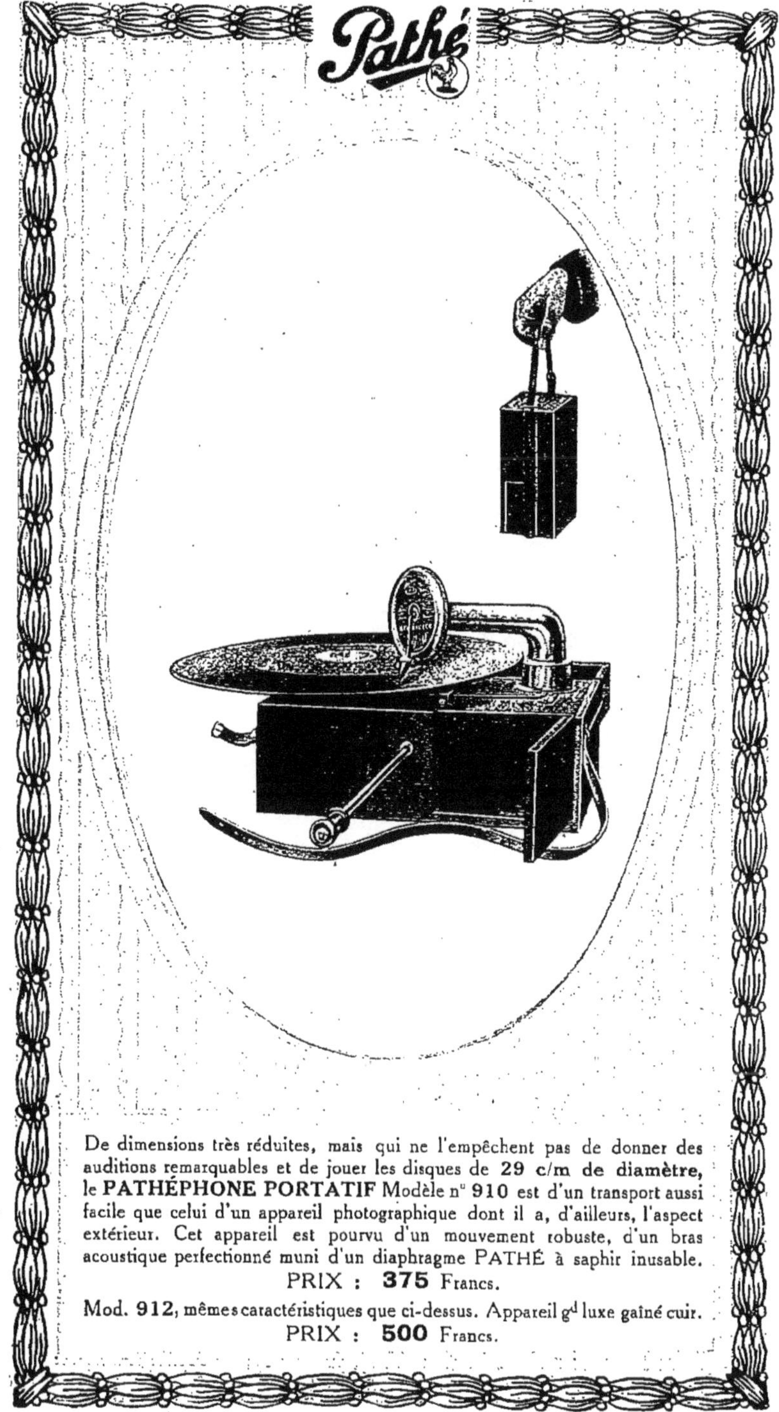
Pathé
De dimensions très réduites, mais qui ne l'empêchent pas de donner des auditions remarquables et de jouer les disques de 29 c/m de diamètre, le PATHÉPHONE PORTATIF Modèle n° 910 est d'un transport aussi facile que celui d'un appareil photographique dont il a, d'ailleurs, l'aspect extérieur. Cet appareil est pourvu d'un mouvement robuste, d'un bras acoustique perfectionné muni d'un diaphragme PATHÉ à saphir inusable.
PRIX : 375 Francs.
Mod. 912, mêmes caractéristiques que ci-dessus. Appareil gd luxe gainé cuir.
PRIX : 500 Francs.

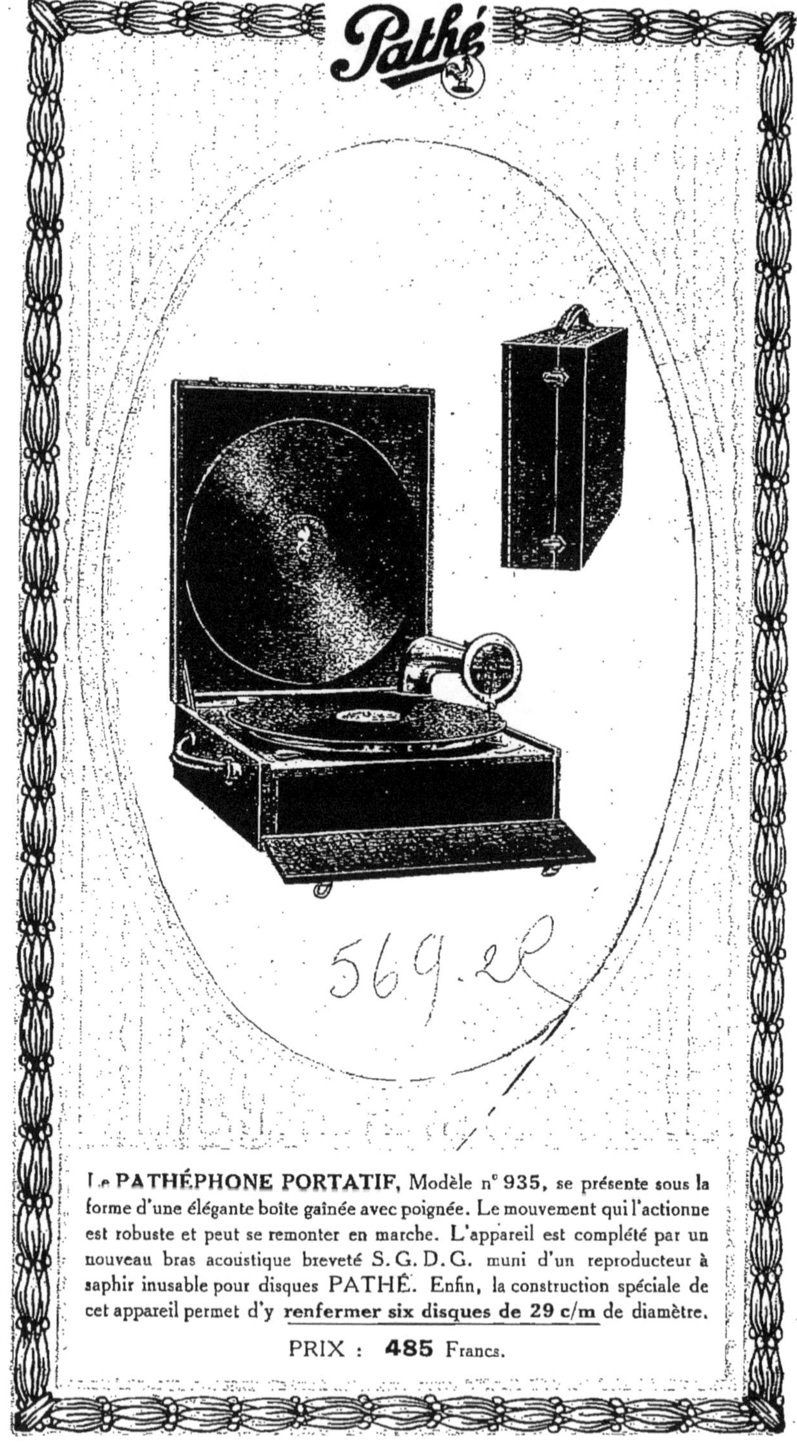

Le **PATHÉPHONE PORTATIF**, Modèle n° **935**, se présente sous la forme d'une élégante boîte gaînée avec poignée. Le mouvement qui l'actionne est robuste et peut se remonter en marche. L'appareil est complété par un nouveau bras acoustique breveté S. G. D. G. muni d'un reproducteur à saphir inusable pour disques PATHÉ. Enfin, la construction spéciale de cet appareil permet d'y **renfermer six disques de 29 c/m** de diamètre.

PRIX : **485** Francs.

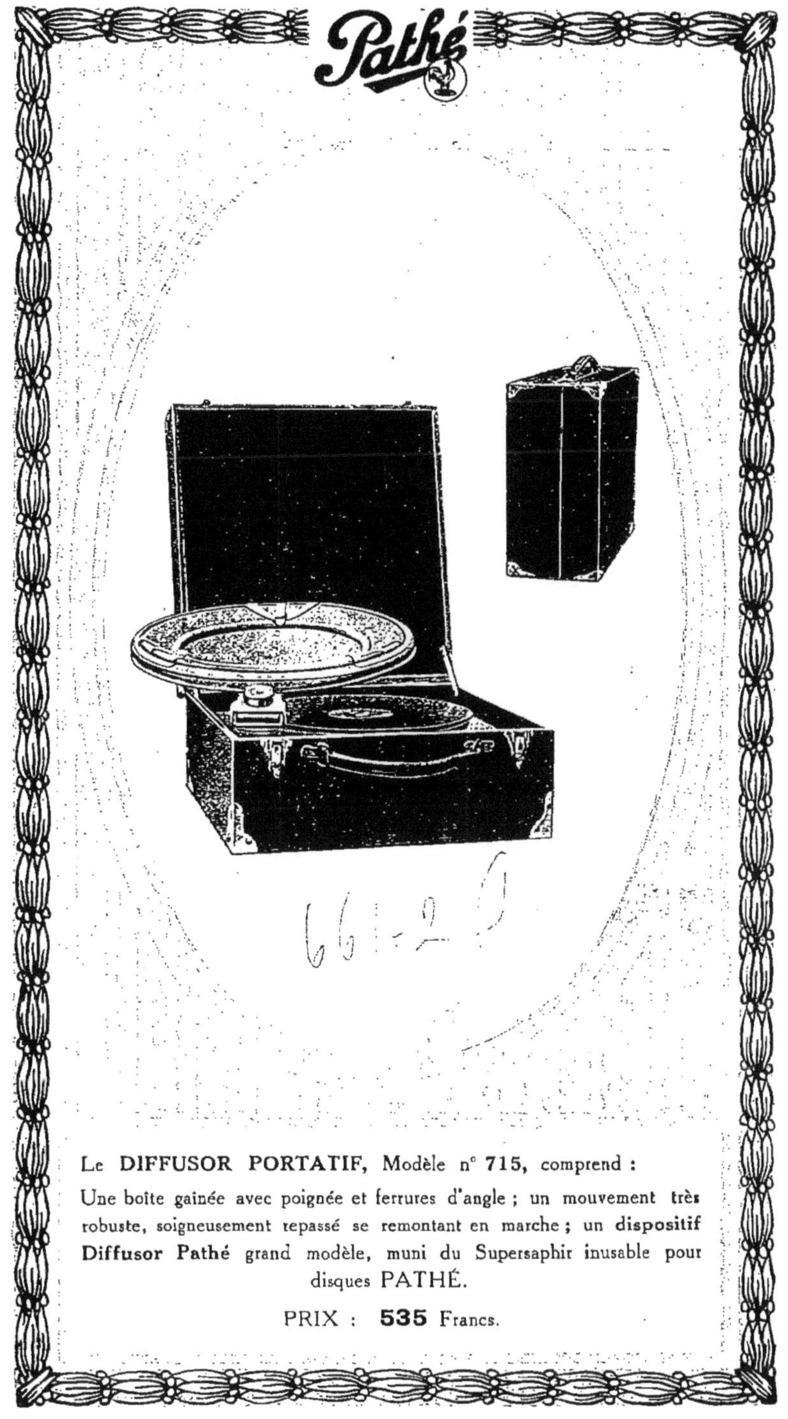
Pathé
Le DIFFUSOR PORTATIF, Modèle n° 715, comprend :
Une boîte gainée avec poignée et ferrures d'angle ; un mouvement très robuste, soigneusement repassé se remontant en marche ; un dispositif Diffusor Pathé grand modèle, muni du Supersaphir inusable pour disques PATHÉ.
PRIX : 535 Francs.

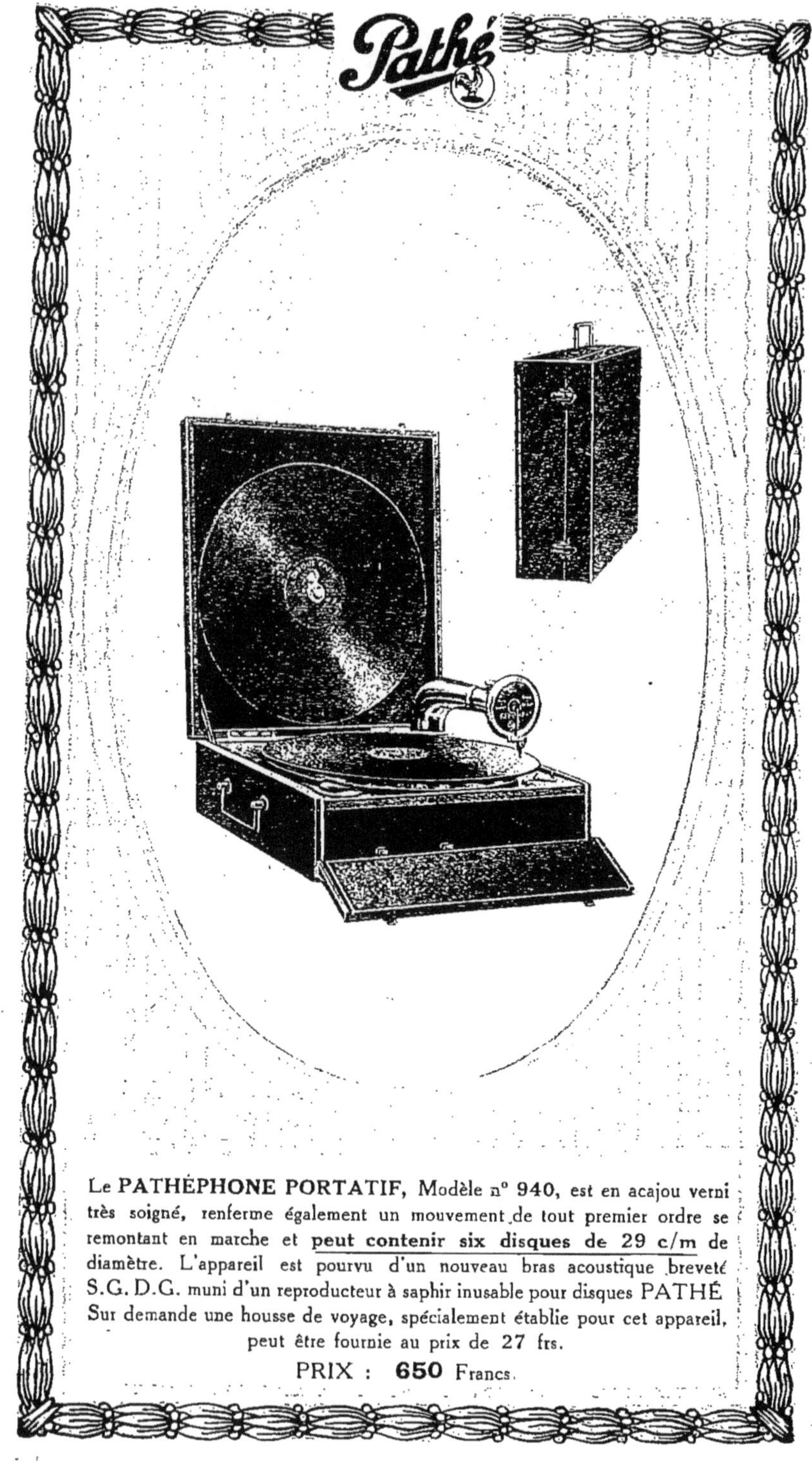
Pathé
Le PATHÉPHONE PORTATIF, Modèle n° 940, est en acajou verni très soigné, renferme également un mouvement de tout premier ordre se remontant en marche et peut contenir six disques de 29 c/m de diamètre. L'appareil est pourvu d'un nouveau bras acoustique breveté S.G.D.G. muni d'un reproducteur à saphir inusable pour disques PATHÉ
Sur demande une housse de voyage, spécialement établie pour cet appareil, peut être fournie au prix de 27 frs.
PRIX : 650 Francs.

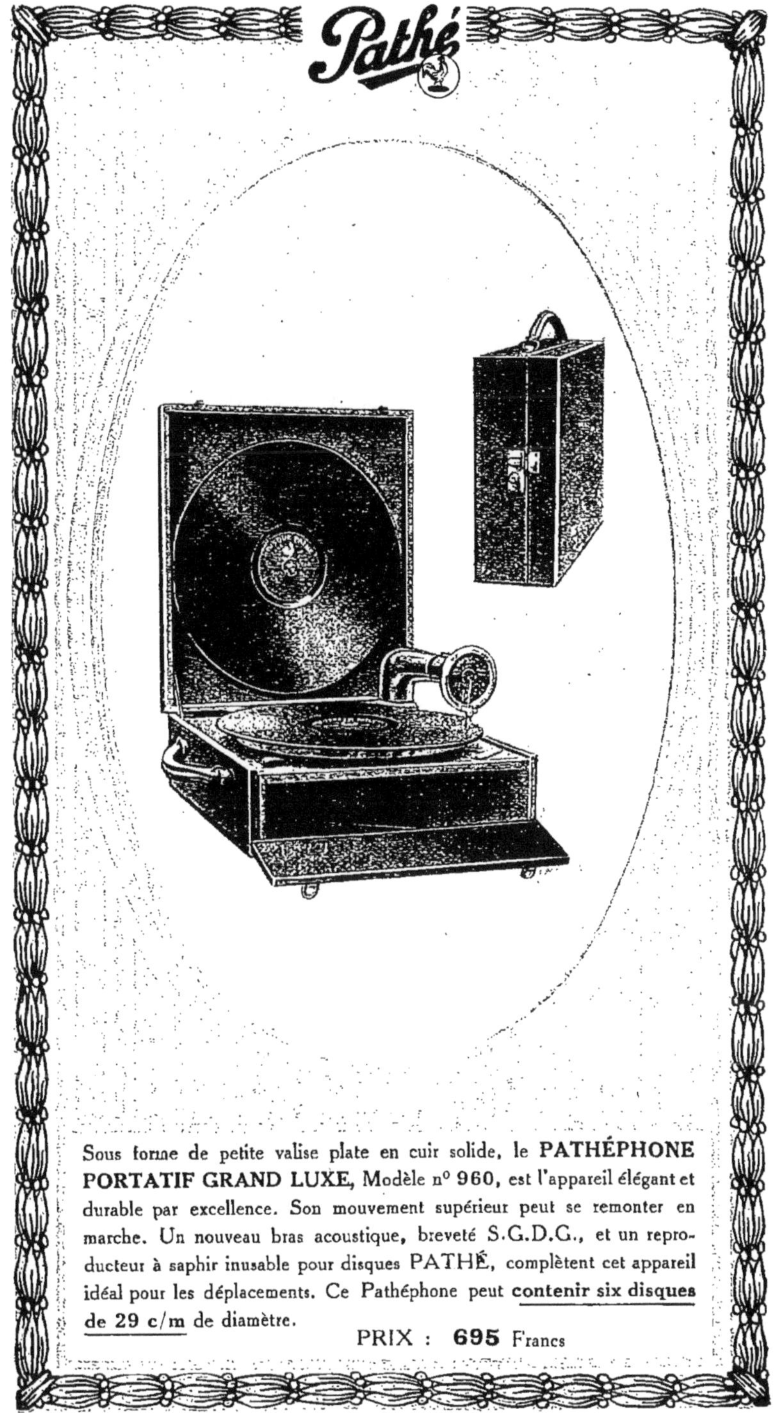
Pathé
Sous forme de petite valise plate en cuir solide, le **PATHÉPHONE PORTATIF GRAND LUXE,** Modèle n° **960**, est l'appareil élégant et durable par excellence. Son mouvement supérieur peut se remonter en marche. Un nouveau bras acoustique, breveté S.G.D.G., et un reproducteur à saphir inusable pour disques PATHÉ, complètent cet appareil idéal pour les déplacements. Ce Pathéphone peut **contenir six disques de 29 c/m** de diamètre.
PRIX : **695** Francs

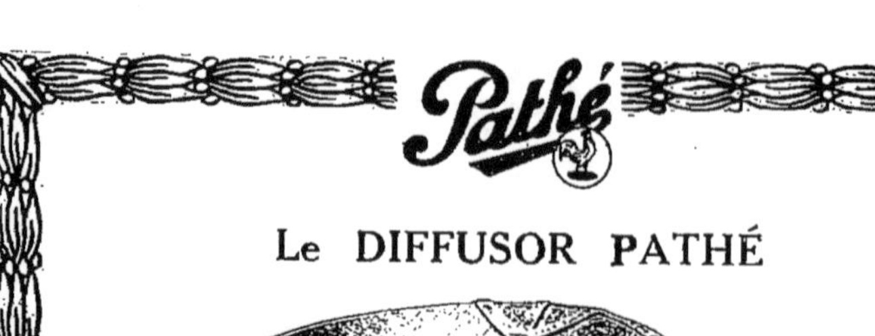

Le DIFFUSOR PATHÉ

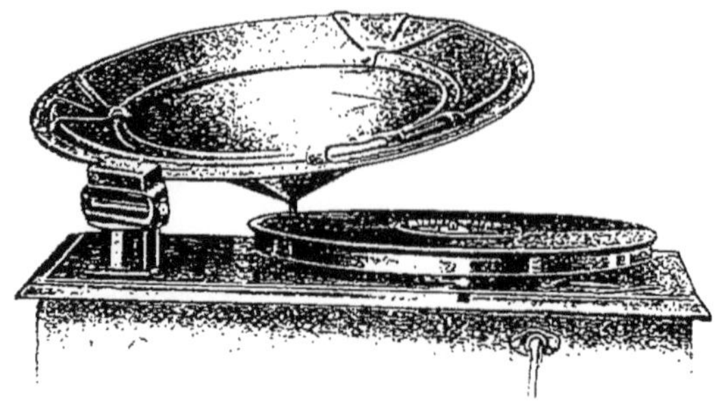

PRIX : **95** Francs

LE DIFFUSOR PATHÉ (breveté S. G. D. G.) révolutionne toutes les conceptions jusqu'alors connues de la MACHINE PARLANTE.

Le DIFFUSOR PATHÉ parle comme vous-même, il a le respect des timbres et des expressions : c'est un véritable créateur de vie.

Le DIFFUSOR PATHÉ peut s'adapter non seulement sur les anciens appareils PATHÉ, mais encore sur toutes les machines parlantes à disques, quels qu'en soient la la marque ou le système de fonctionnement, leur permettant ainsi d'utiliser les véritables disques PATHÉ *à saphir inusable*.

Le DISPOSITIF DIFFUSOR PATHÉ est envoyé avec toutes les indications nécessaires permettant son placement d'une façon certaine. Quelques vis à poser, c'est tout le travail matériel à effectuer, et l'appareil est ainsi muni de l'ultime perfectionnement que le DIFFUSOR PATHÉ apporte aux machines parlantes.

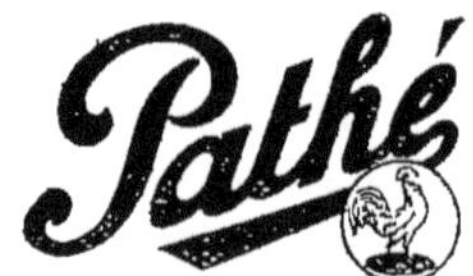

EXIGEZ CETTE SIGNATURE

Voir à la dernière page les dimensions, poids et Code télégraphique des DIFFUSORS.

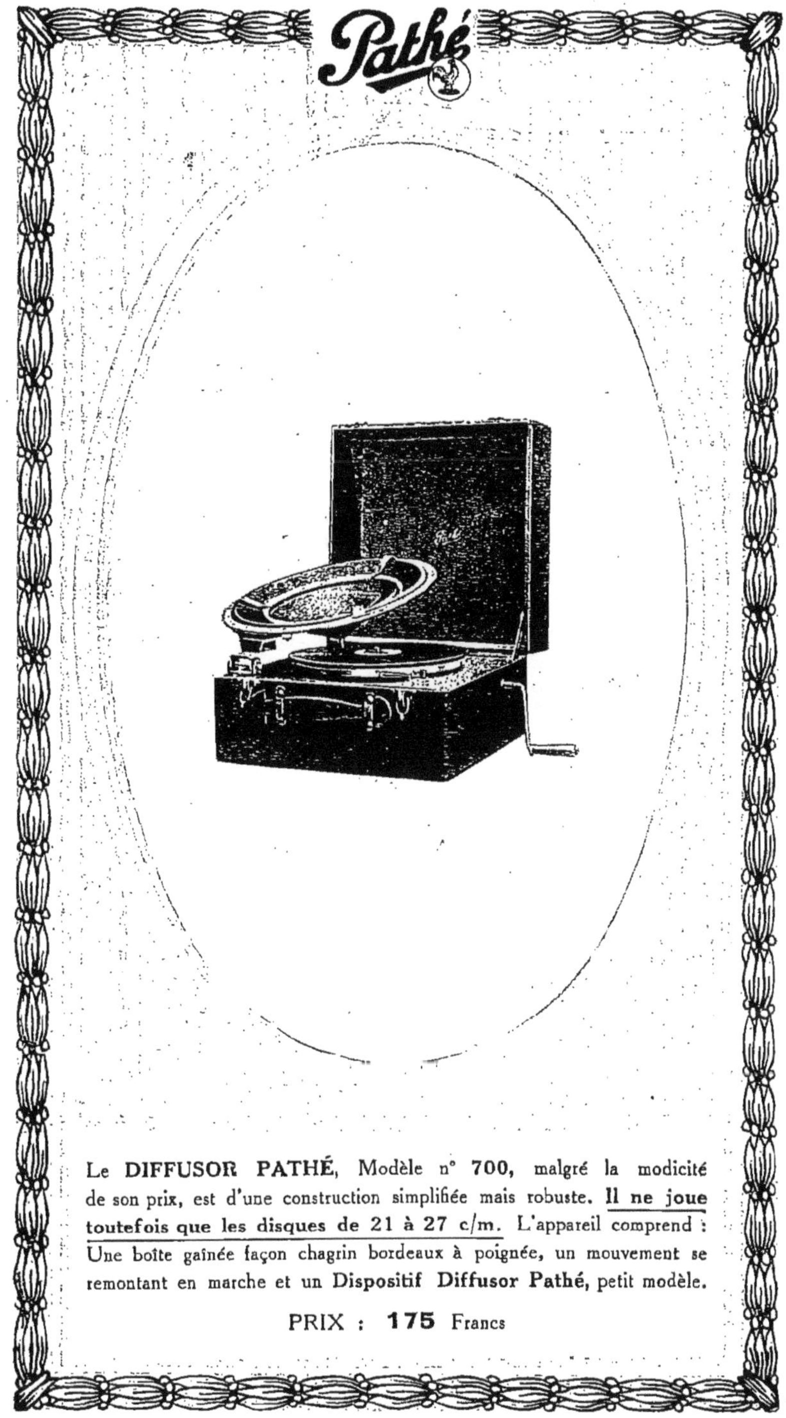
Pathé
Le **DIFFUSOR PATHÉ**, Modèle n° **700**, malgré la modicité de son prix, est d'une construction simplifiée mais robuste. **Il ne joue toutefois que les disques de 21 à 27 c/m.** L'appareil comprend : Une boîte gaînée façon chagrin bordeaux à poignée, un mouvement se remontant en marche et un **Dispositif Diffusor Pathé,** petit modèle.
PRIX : **175** Francs

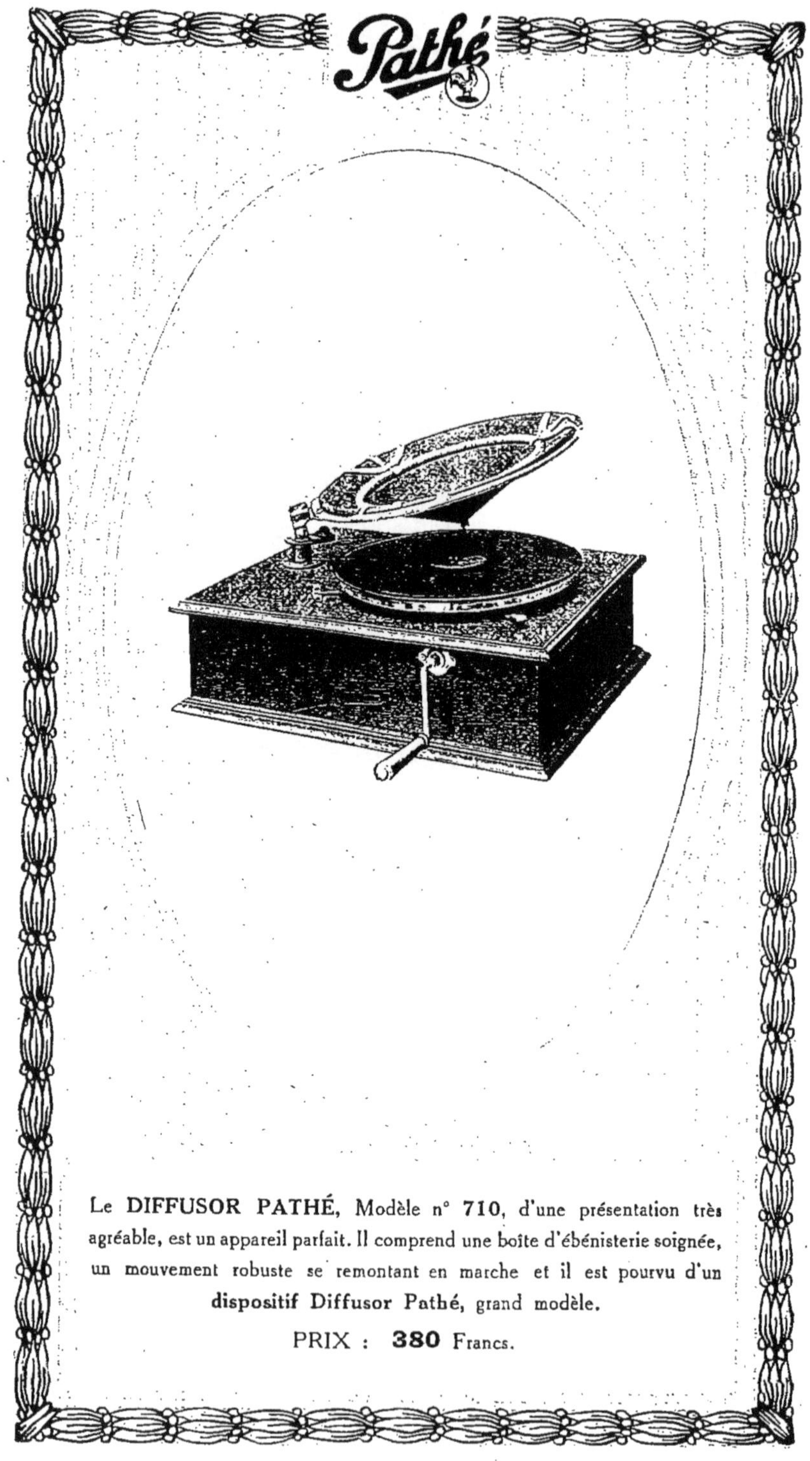
Pathé
Le DIFFUSOR PATHÉ, Modèle n° 710, d'une présentation très agréable, est un appareil parfait. Il comprend une boîte d'ébénisterie soignée, un mouvement robuste se remontant en marche et il est pourvu d'un dispositif Diffusor Pathé, grand modèle.
PRIX : 380 Francs.

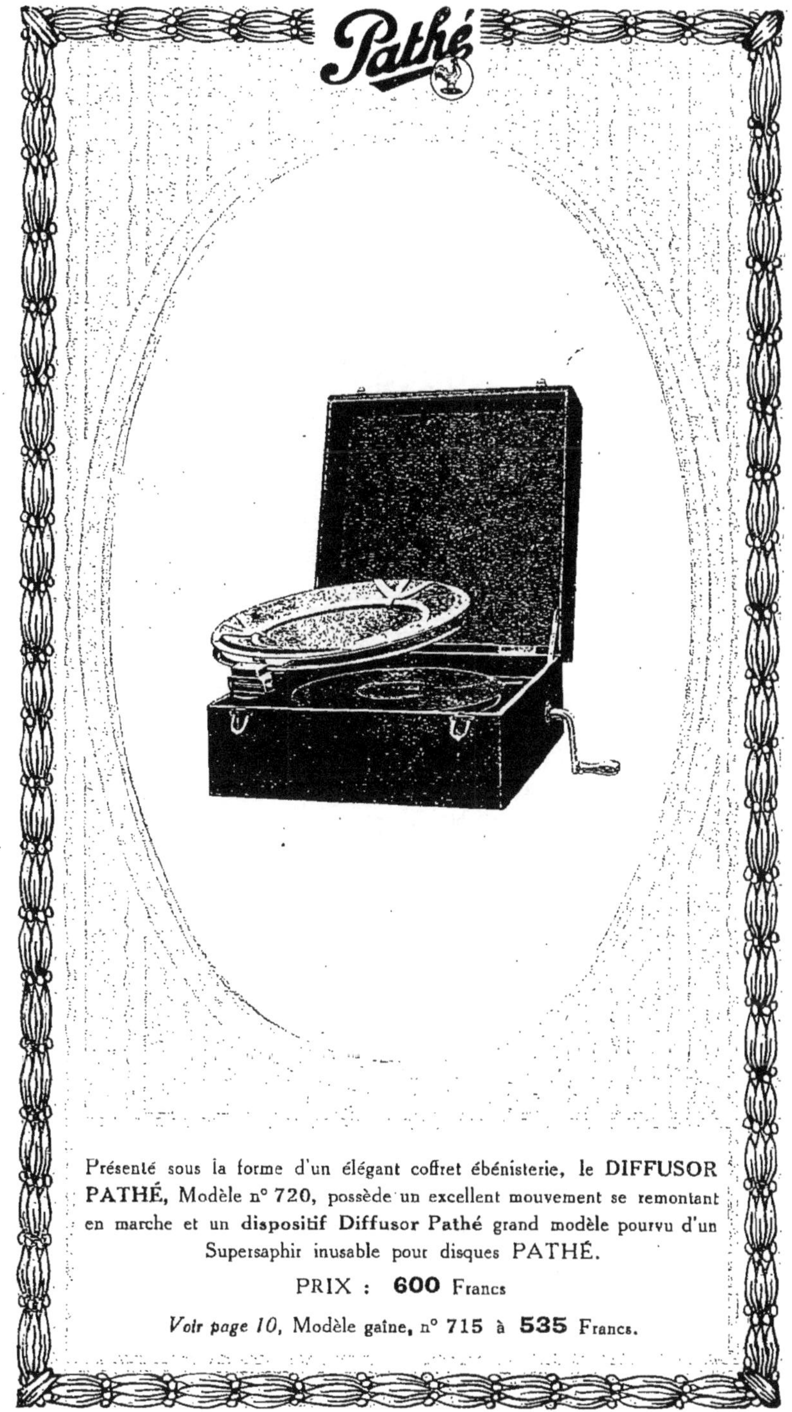
Pathé
Présenté sous la forme d'un élégant coffret ébénisterie, le DIFFUSOR PATHÉ, Modèle n° 720, possède un excellent mouvement se remontant en marche et un dispositif Diffusor Pathé grand modèle pourvu d'un Supersaphir inusable pour disques PATHÉ.
PRIX : 600 Francs
Voir page 10, Modèle gaîne, n° 715 à 535 Francs.

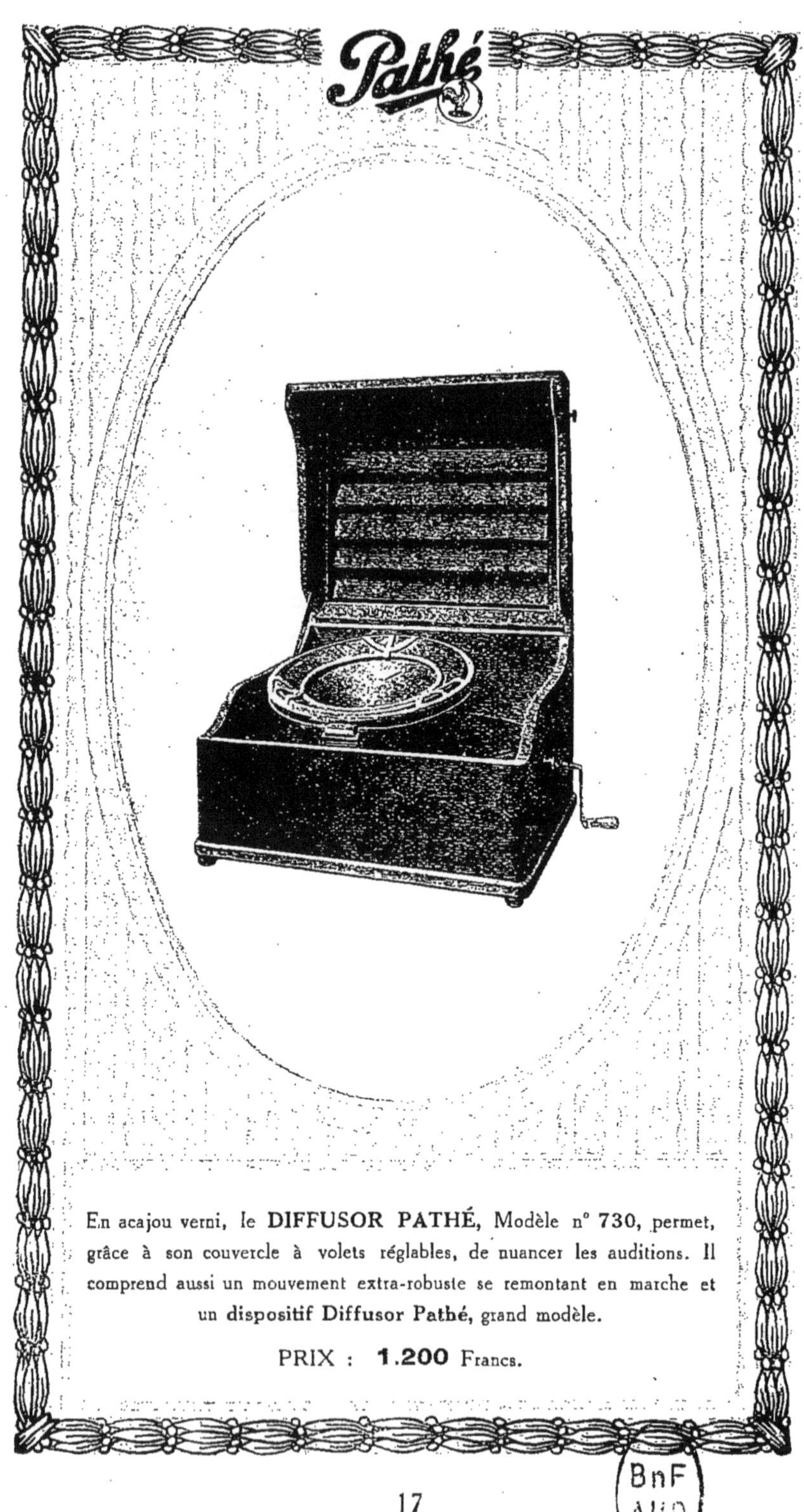
Pathé
En acajou verni, le **DIFFUSOR PATHÉ,** Modèle n° **730,** permet, grâce à son couvercle à volets réglables, de nuancer les auditions. Il comprend aussi un mouvement extra-robuste se remontant en marche et un **dispositif Diffusor Pathé,** grand modèle.
PRIX : **1.200** Francs.

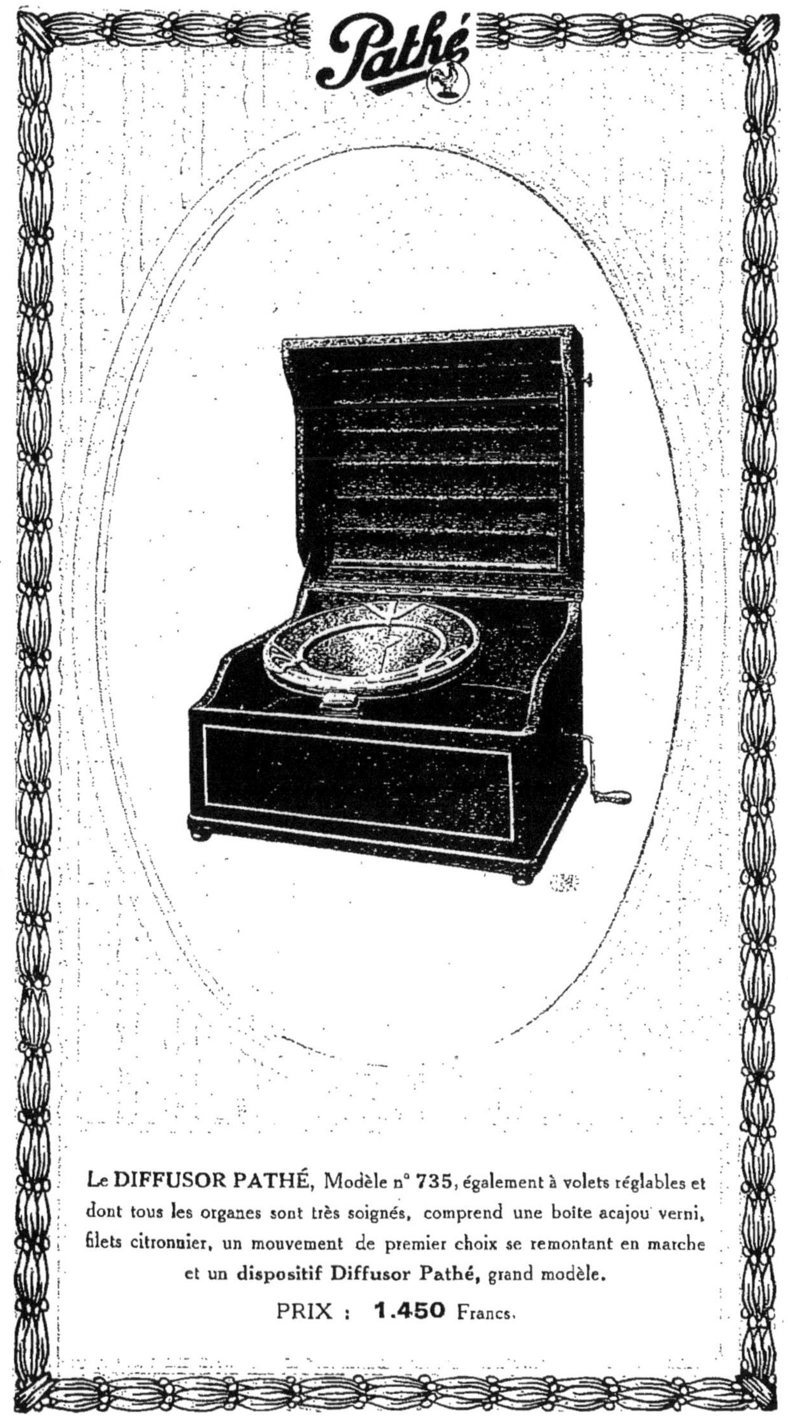

Le **DIFFUSOR PATHÉ**, Modèle n° **735**, également à volets réglables et dont tous les organes sont très soignés, comprend une boite acajou verni, filets citronnier, un mouvement de premier choix se remontant en marche et un **dispositif Diffusor Pathé,** grand modèle.

PRIX : **1.450** Francs.

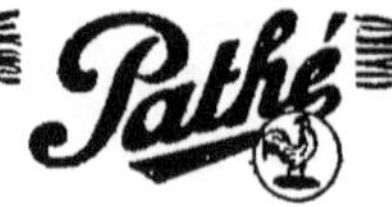

Les PATHÉPHONES

L'EXPÉRIENCE acquise par trente années de recherches et d'efforts nous a permis de réunir ici, sous notre marque, tout un choix de MACHINES PARLANTES à caisse de résonance ou à pavillon, entièrement construites dans nos Usines en *France,* avec des matières premières françaises, par un personnel d'élite, spécialisé dans une fabrication particulièrement délicate.

Nous ne craignons donc pas d'affirmer que nos MACHINES PARLANTES sont à tous points de vue les meilleures du marché mondial.

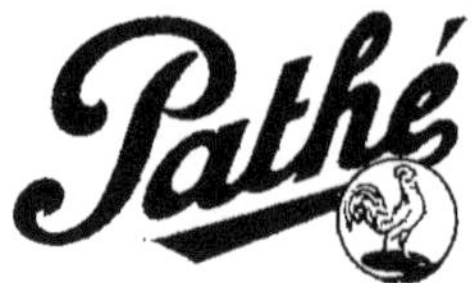

EXIGEZ CETTE SIGNATURE.

Voir à la dernière page les dimensions, poids et Code télégraphique des PATHÉPHONES.

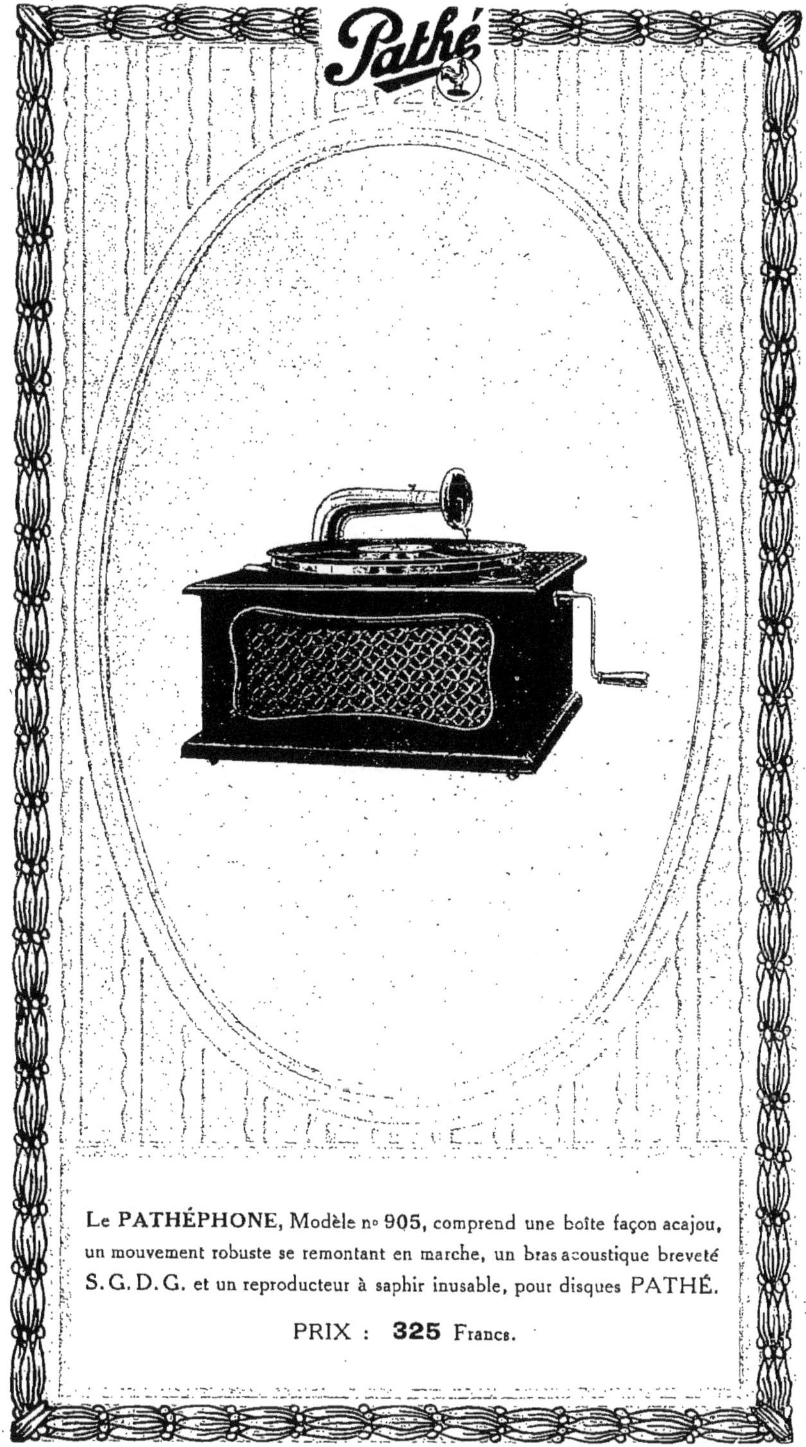
Pathé
Le PATHÉPHONE, Modèle n° 905, comprend une boîte façon acajou, un mouvement robuste se remontant en marche, un bras acoustique breveté S. G. D. G. et un reproducteur à saphir inusable, pour disques PATHÉ.
PRIX : 325 Francs.

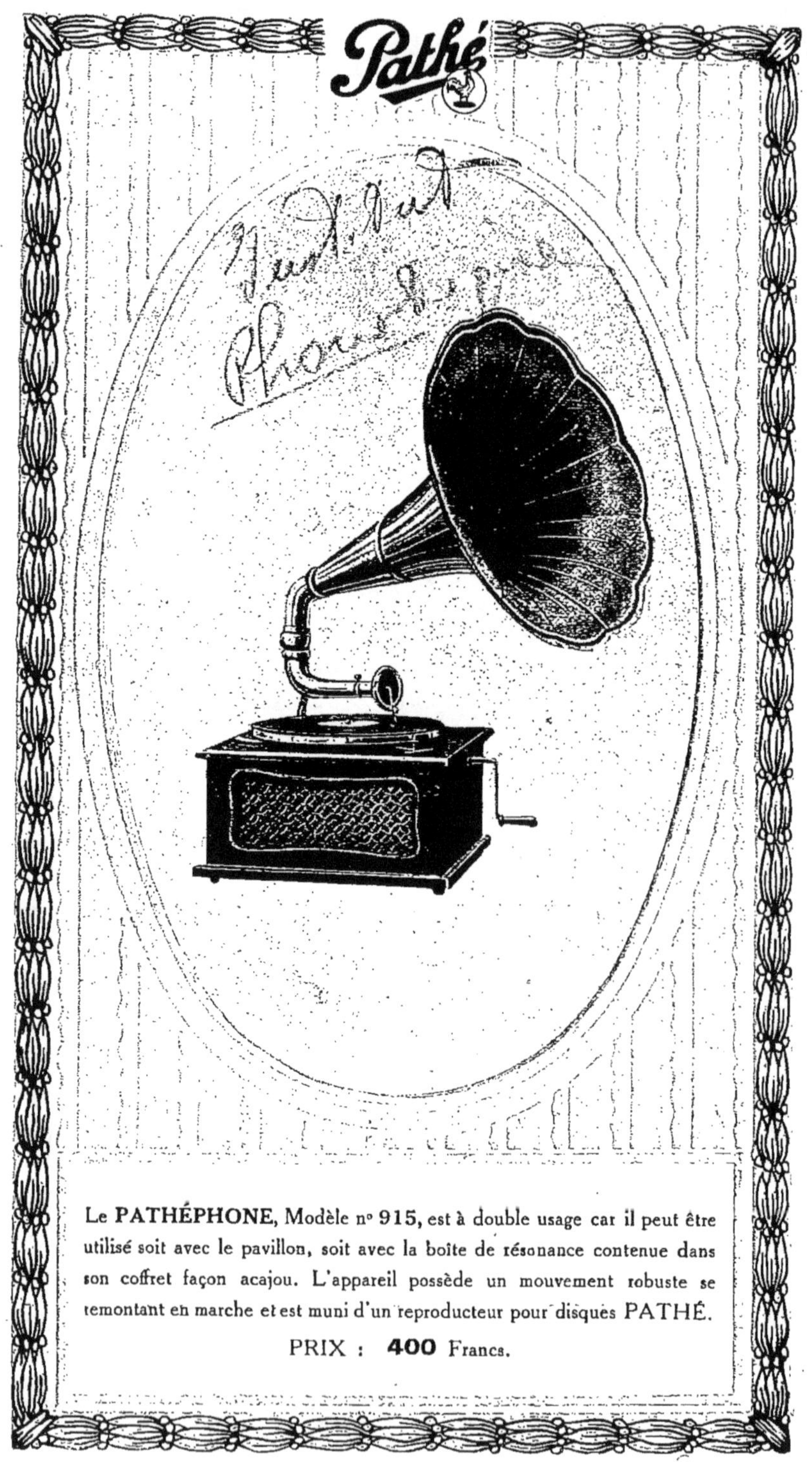
Pathé
Le PATHÉPHONE, Modèle n° 915, est à double usage car il peut être utilisé soit avec le pavillon, soit avec la boîte de résonance contenue dans son coffret façon acajou. L'appareil possède un mouvement robuste se remontant en marche et est muni d'un reproducteur pour disques PATHÉ.
PRIX : 400 Francs.

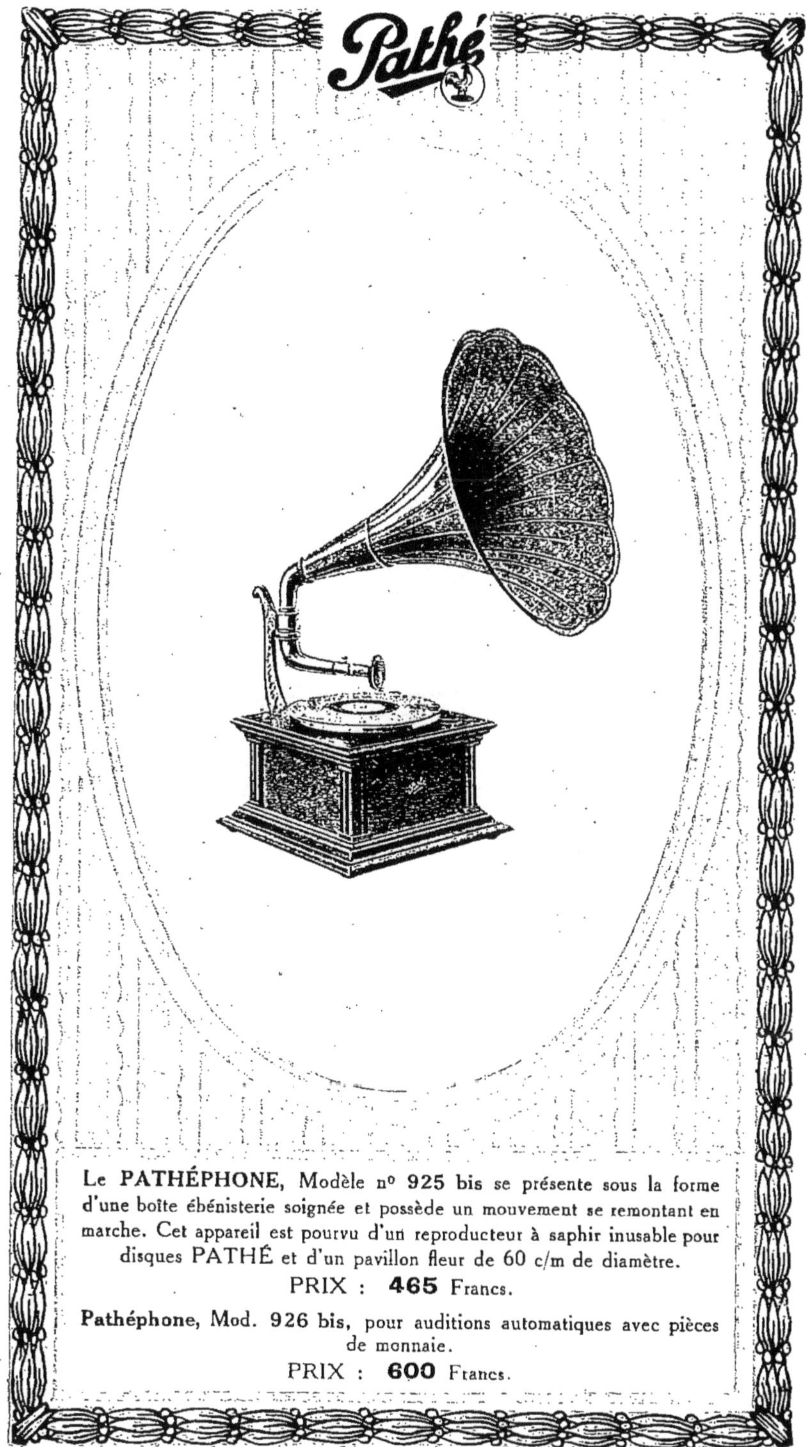
Pathé
Le **PATHÉPHONE,** Modèle nº **925** bis se présente sous la forme d'une boîte ébénisterie soignée et possède un mouvement se remontant en marche. Cet appareil est pourvu d'un reproducteur à saphir inusable pour disques PATHÉ et d'un pavillon fleur de 60 c/m de diamètre.
PRIX : **465** Francs.
Pathéphone, Mod. **926 bis,** pour auditions automatiques avec pièces de monnaie.
PRIX : **600** Francs.

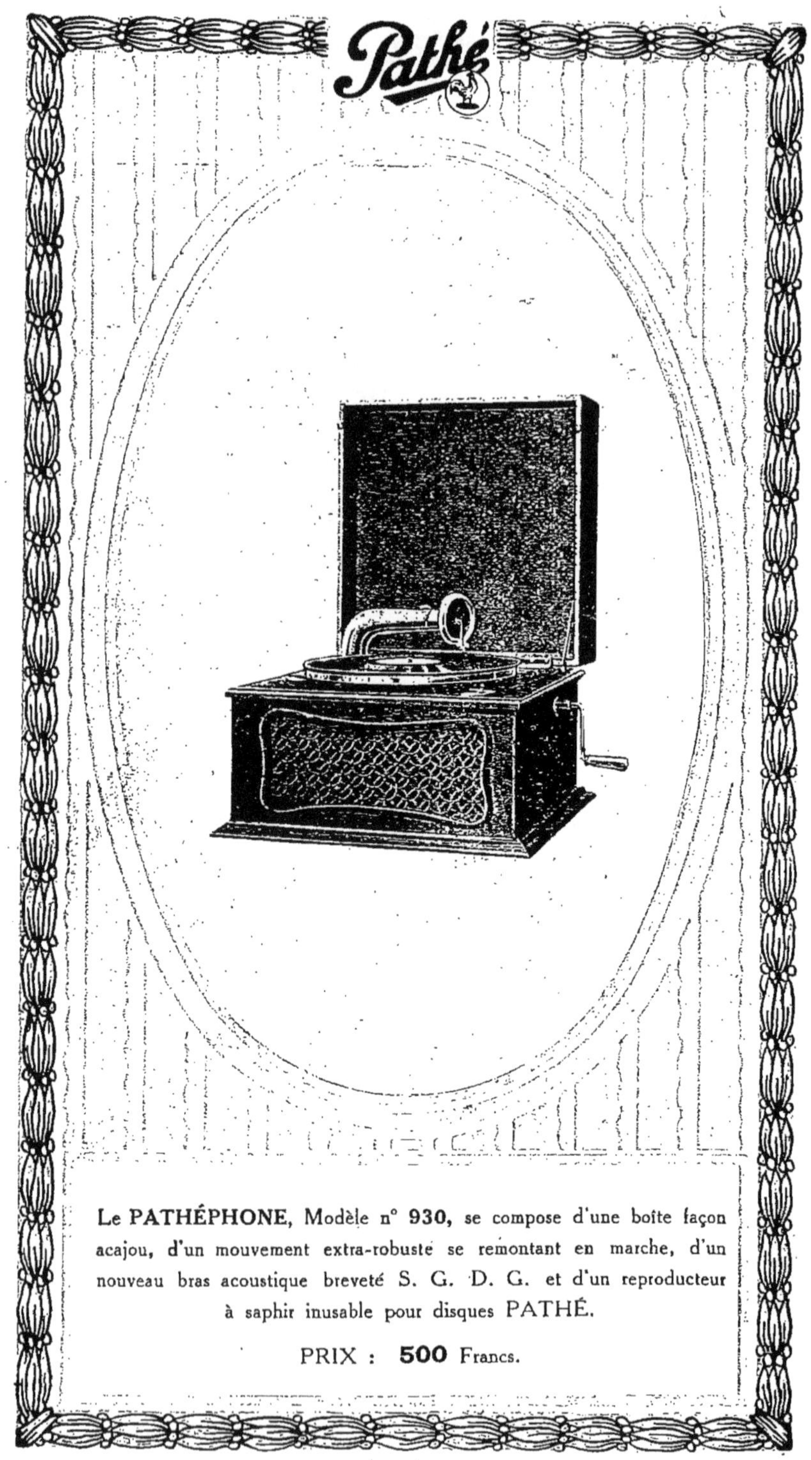
Pathé
Le PATHÉPHONE, Modèle n° 930, se compose d'une boîte façon acajou, d'un mouvement extra-robuste se remontant en marche, d'un nouveau bras acoustique breveté S. G. D. G. et d'un reproducteur à saphir inusable pour disques PATHÉ.
PRIX : 500 Francs.

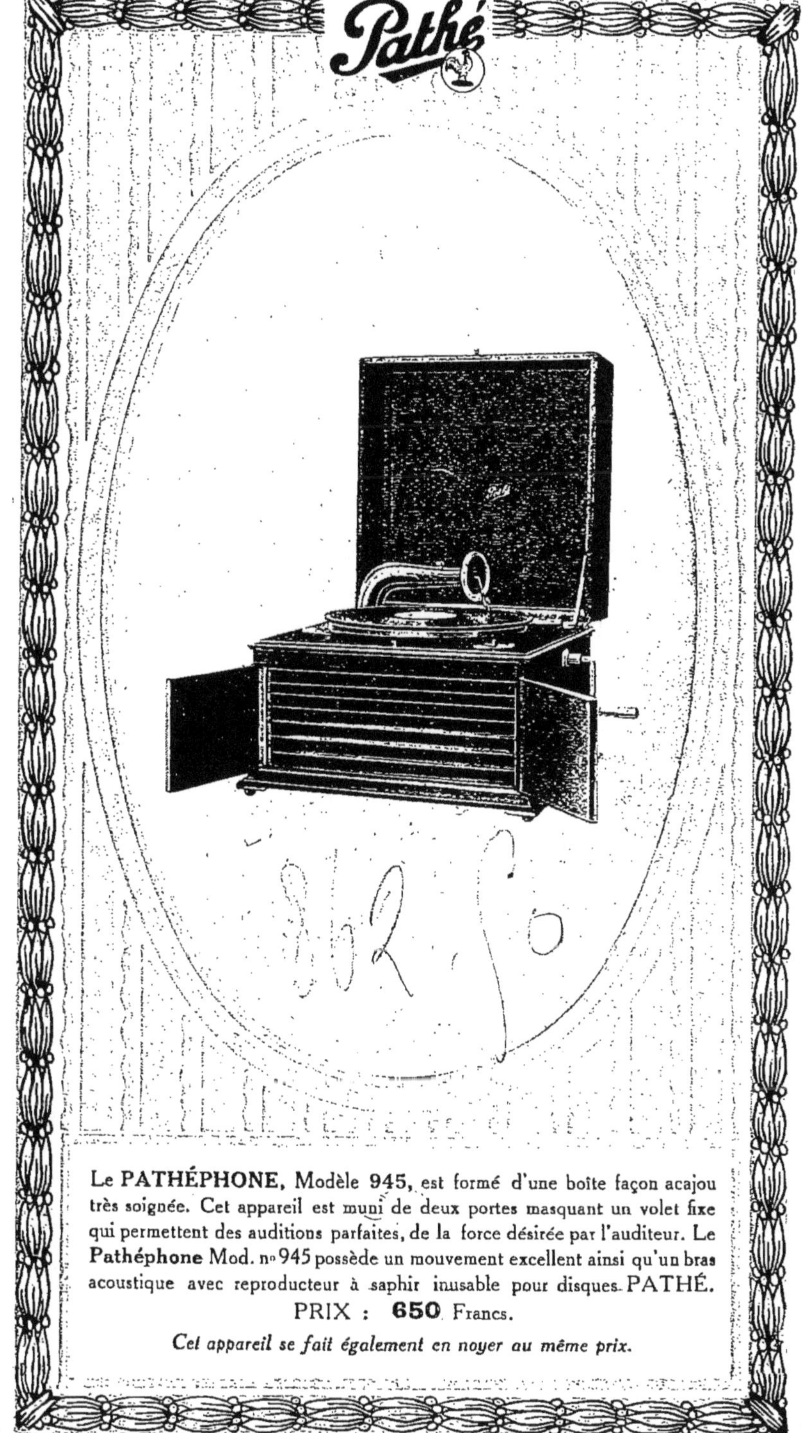
Pathé
Le **PATHÉPHONE**, Modèle **945**, est formé d'une boîte façon acajou très soignée. Cet appareil est muni de deux portes masquant un volet fixe qui permettent des auditions parfaites, de la force désirée par l'auditeur. Le **Pathéphone** Mod. n° 945 possède un mouvement excellent ainsi qu'un bras acoustique avec reproducteur à saphir inusable pour disques PATHÉ.
PRIX : **650** Francs.
Cet appareil se fait également en noyer au même prix.

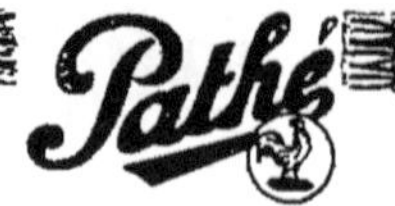

Les PATHÉPHONES-MEUBLES

LA série des PATHÉPHONES-MEUBLES que nous avons établie répond à tous les désirs qui nous ont été manifestés par la clientèle. Qu'ils soient seulement à caisse de résonance ou munis, en outre, du DIFFUSOR PATHÉ, ces machines réunissent des qualités indéniables de présentation et de solidité. Ils offrent également des avantages pratiques soit pour le réglage de la force du son, soit pour le classement des disques, puisque tous nos meubles forment bibliothèques.

Les différents styles dans lesquels ils ont été établis s'adaptent en général à n'importe quel intérieur.

Cependant, nous pouvons exécuter des PATHÉPHONES-MEUBLES au goût personnel de nos Clients, de même que nous nous chargeons de la transformation en machine parlante des meubles qui nous seraient confiés.

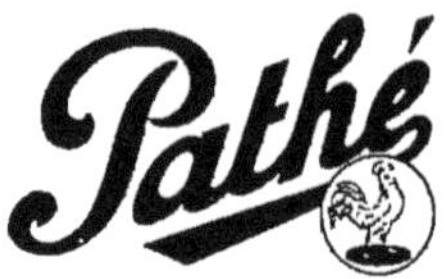

EXIGEZ CETTE SIGNATURE.

Voir à la dernière page les dimensions, poids et Code télégr. des PATHÉPHONES-MEUBLES.

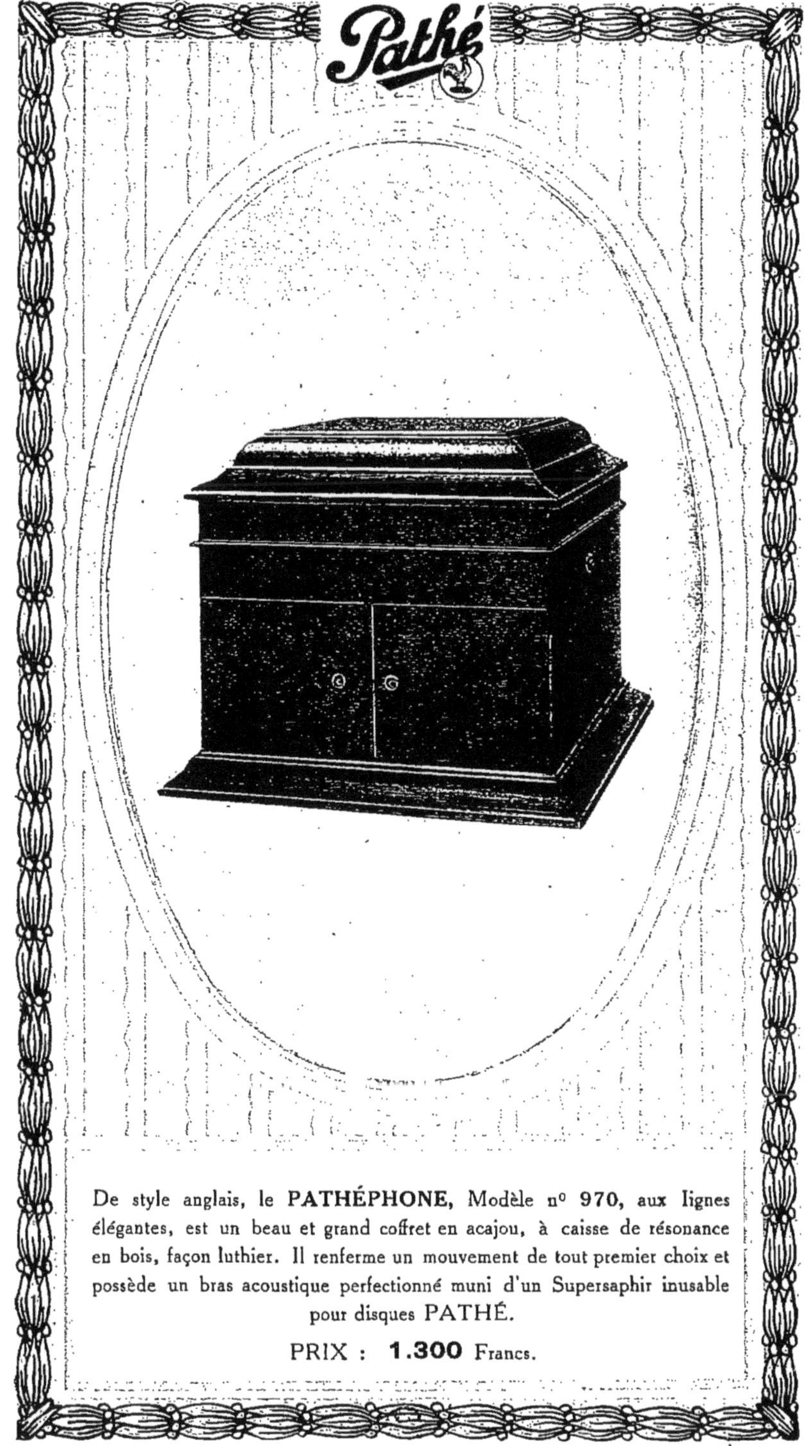

De style anglais, le **PATHÉPHONE,** Modèle n° **970,** aux lignes élégantes, est un beau et grand coffret en acajou, à caisse de résonance en bois, façon luthier. Il renferme un mouvement de tout premier choix et possède un bras acoustique perfectionné muni d'un Supersaphir inusable pour disques PATHÉ.

PRIX : **1.300** Francs.

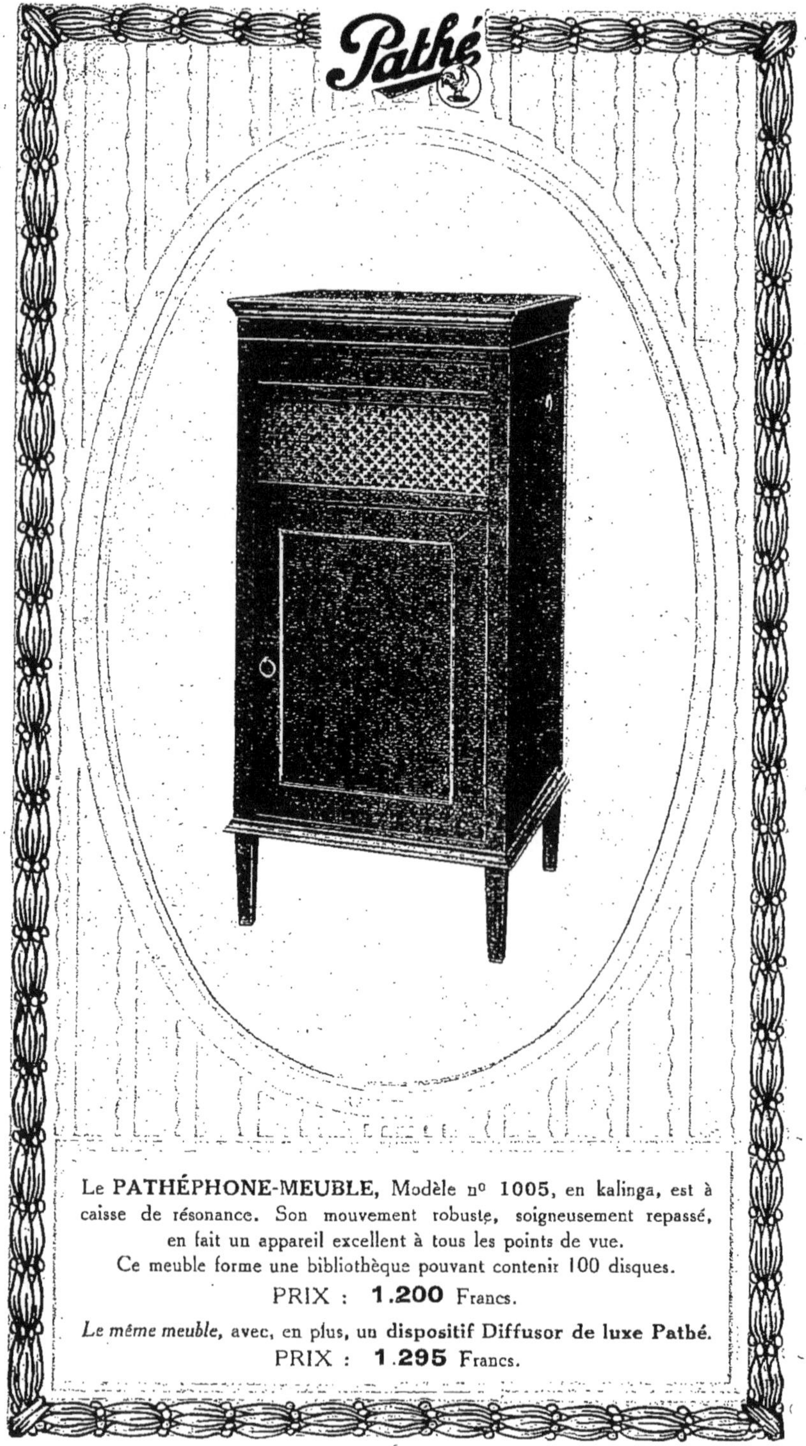
Pathé
Le PATHÉPHONE-MEUBLE, Modèle n° 1005, en kalinga, est à caisse de résonance. Son mouvement robuste, soigneusement repassé, en fait un appareil excellent à tous les points de vue.
Ce meuble forme une bibliothèque pouvant contenir 100 disques.
PRIX : 1.200 Francs.
Le même meuble, avec, en plus, un dispositif Diffusor de luxe Pathé.
PRIX : 1.295 Francs.

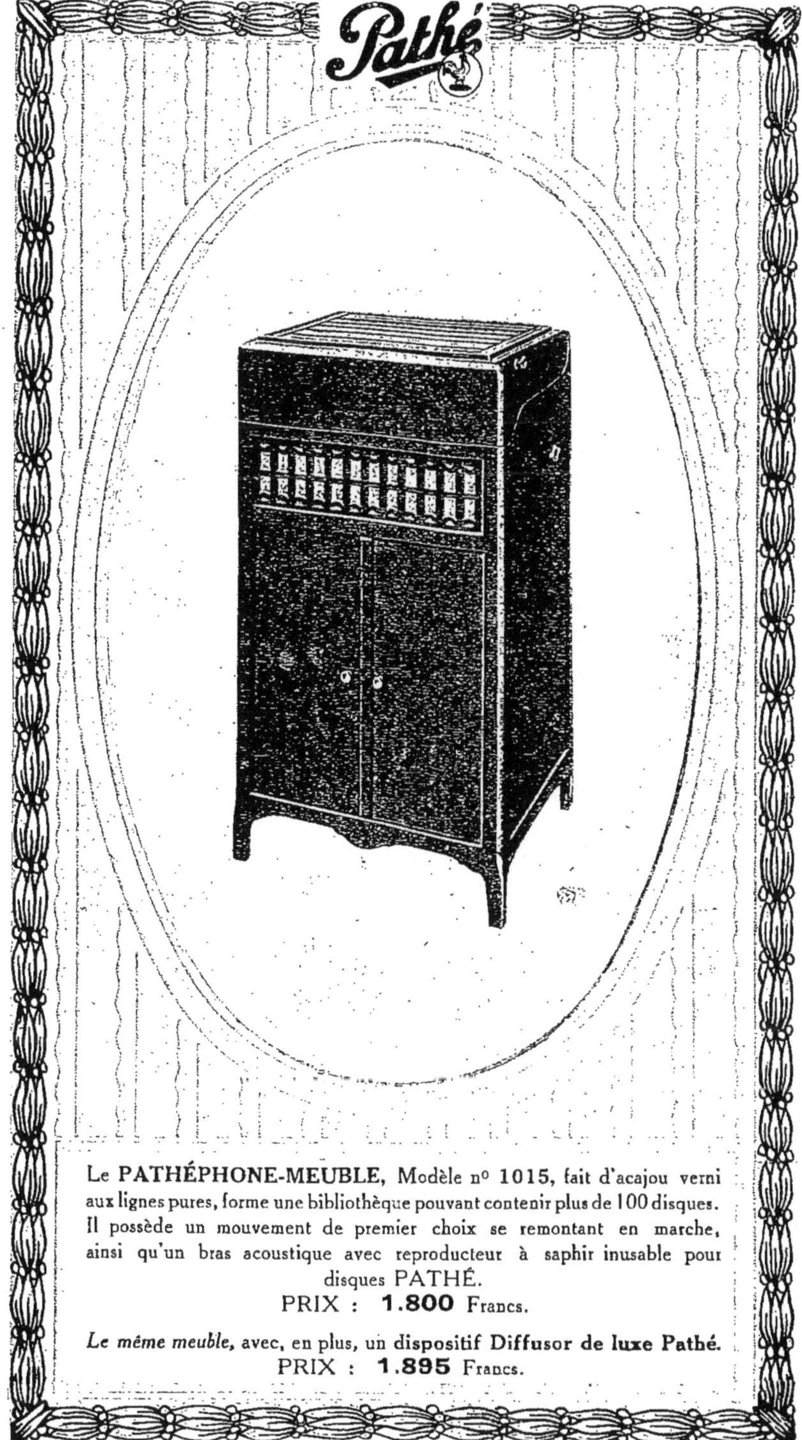

Le **PATHÉPHONE-MEUBLE,** Modèle n° **1015,** fait d'acajou verni aux lignes pures, forme une bibliothèque pouvant contenir plus de 100 disques. Il possède un mouvement de premier choix se remontant en marche, ainsi qu'un bras acoustique avec reproducteur à saphir inusable pour disques PATHÉ.

PRIX : **1.800** Francs.

Le même meuble, avec, en plus, un **dispositif Diffusor de luxe Pathé.**

PRIX : **1.895** Francs.

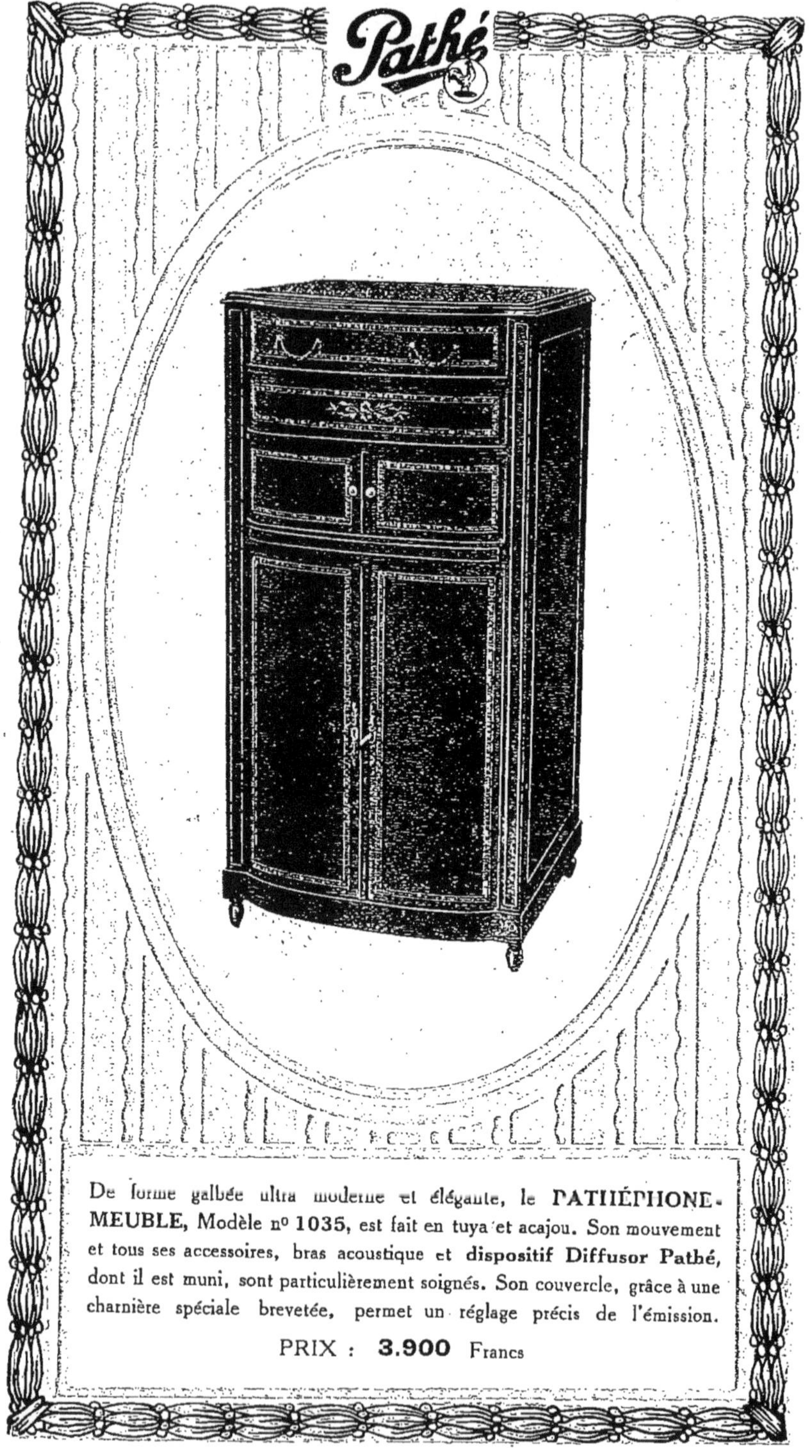
Pathé
De forme galbée ultra moderne et élégante, le PATHÉPHONE-MEUBLE, Modèle nº 1035, est fait en tuya et acajou. Son mouvement et tous ses accessoires, bras acoustique et dispositif Diffusor Pathé, dont il est muni, sont particulièrement soignés. Son couvercle, grâce à une charnière spéciale brevetée, permet un réglage précis de l'émission.
PRIX : 3.900 Francs

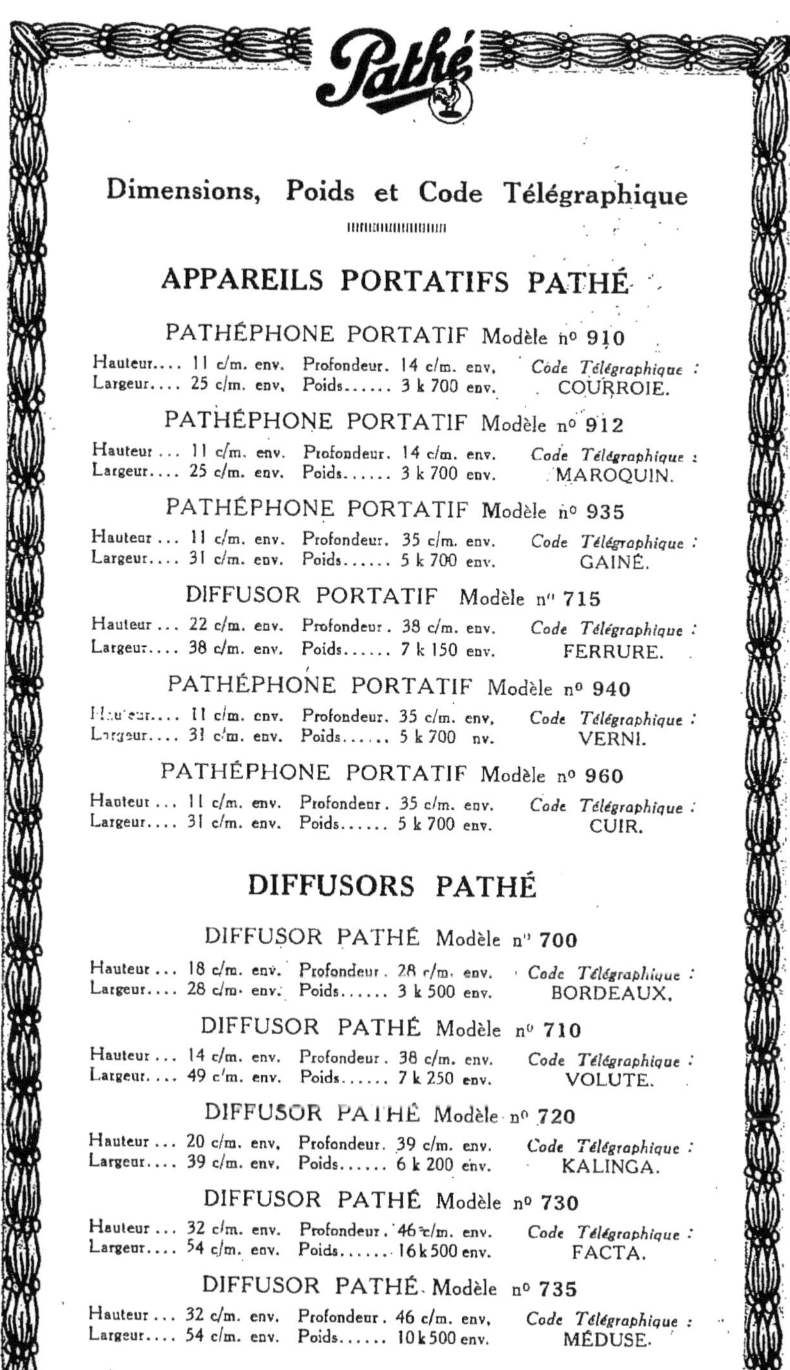

Dimensions, Poids et Code Télégraphique

APPAREILS PORTATIFS PATHÉ

PATHÉPHONE PORTATIF Modèle nº **910**

Hauteur.... 11 c/m. env. Profondeur. 14 c/m. env. *Code Télégraphique :*
Largeur.... 25 c/m. env. Poids...... 3 k 700 env. COURROIE.

PATHÉPHONE PORTATIF Modèle nº **912**

Hauteur ... 11 c/m. env. Profondeur. 14 c/m. env. *Code Télégraphique :*
Largeur.... 25 c/m. env. Poids...... 3 k 700 env. MAROQUIN.

PATHÉPHONE PORTATIF Modèle nº **935**

Hauteur ... 11 c/m. env. Profondeur. 35 c/m. env. *Code Télégraphique :*
Largeur.... 31 c/m. env. Poids...... 5 k 700 env. GAINÉ.

DIFFUSOR PORTATIF Modèle nº **715**

Hauteur ... 22 c/m. env. Profondeur. 38 c/m. env. *Code Télégraphique :*
Largeur.... 38 c/m. env. Poids...... 7 k 150 env. FERRURE.

PATHÉPHONE PORTATIF Modèle nº **940**

Hauteur.... 11 c/m. env. Profondeur. 35 c/m. env. *Code Télégraphique :*
Largeur.... 31 c/m. env. Poids...... 5 k 700 nv. VERNI.

PATHÉPHONE PORTATIF Modèle nº **960**

Hauteur ... 11 c/m. env. Profondeur. 35 c/m. env. *Code Télégraphique :*
Largeur.... 31 c/m. env. Poids...... 5 k 700 env. CUIR.

DIFFUSORS PATHÉ

DIFFUSOR PATHÉ Modèle nº **700**

Hauteur ... 18 c/m. env. Profondeur. 28 c/m. env. *Code Télégraphique :*
Largeur.... 28 c/m. env. Poids...... 3 k 500 env. BORDEAUX.

DIFFUSOR PATHÉ Modèle nº **710**

Hauteur ... 14 c/m. env. Profondeur. 38 c/m. env. *Code Télégraphique :*
Largeur.... 49 c/m. env. Poids...... 7 k 250 env. VOLUTE.

DIFFUSOR PATHÉ Modèle nº **720**

Hauteur ... 20 c/m. env. Profondeur. 39 c/m. env. *Code Télégraphique :*
Largeur.... 39 c/m. env. Poids...... 6 k 200 env. KALINGA.

DIFFUSOR PATHÉ Modèle nº **730**

Hauteur ... 32 c/m. env. Profondeur. 46 c/m. env. *Code Télégraphique :*
Largeur.... 54 c/m. env. Poids...... 16 k 500 env. FACTA.

DIFFUSOR PATHÉ Modèle nº **735**

Hauteur ... 32 c/m. env. Profondeur. 46 c/m. env. *Code Télégraphique :*
Largeur.... 54 c/m. env. Poids...... 10 k 500 env. MÉDUSE.

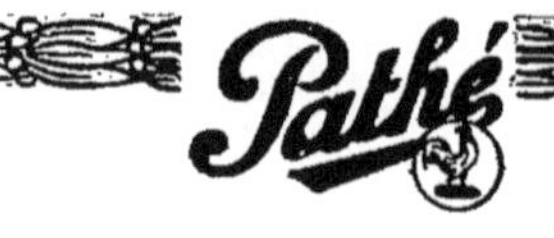

PATHÉPHONES

PATHÉPHONE Modèle n° 905

Hauteur... 18 c/m. env. Profondeur. 31 c/m. env. *Code Télégraphique :*
Largeur.... 39 c/m. env. Poids...... 5 k 850 env. MINIMUS.

PATHÉPHONE Modèle n° 915

Hauteur... 19 c/m. env. Profondeur. 40 c/m. env. *Code Télégraphique :*
Largeur.... 40 c/m. env. Poids...... 7 k 250 env. LISERON.

PATHÉPHONE Modèle n° 925 bis

Hauteur .... 23 c/m. environ. Profondeur...... 40 c/m. environ.
Largeur.......... 40 c/m. environ. Poids .... 9 kilogs environ.

Codes Télégraphiques { Montage ordinaire : MIXTE.
Montage automatique : SOU.

PATHÉPHONE Modèle n° 930

Hauteur... 25 c/m. env. Profondeur. 40 c/m. env. *Code Télégraphique :*
Largeur ... 40 c/m. env. Poids...... 8 k 400 env. AILE.

PATHÉPHONE Modèle n° 945

Hauteur... 27 c/m. env. Profondeur. 40 c/m. env. *Code Télégraphique :*
Largeur ... 40 c/m. env. Poids...... 8 k 500 env. AIME.

PATHÉPHONES-MEUBLES

PATHÉPHONE Modèle n° 970

Hauteur... 40 c/m. env. Profondeur 55 c/m. env. *Code Télégraphique :*
Largeur ... 48 c/m. env. Poids..... 13 k 500 env. ANGLAIS.

PATHÉPHONE-MEUBLE Modèle n° 1005

Hauteur ... 96 c/m. env. Profondeur. 47 c/m. env. *Code Télégraphique :*
Largeur.... 48 c/m. env. Poids...... 17 kgs env. GRILLE.

PATHÉPHONE-MEUBLE Modèle n° 1015

Hauteur.... 93 c/m env. Profondeur.. 48 c/m env. *Code Télégraphique :*
Largeur .... 55 c/m env. Poids...... 21 kgs env. ACAJOU.

PATHÉPHONE-MEUBLE Modèle n° 1035

Hauteur.... 1 m 07 env. Profondeur... 0 m 50 env. *Code Télégraphique :*
Largeur .... 56 c/m env. Poids........ 32 k 500 env. GALBÉ.

Pathé

www.ingramcontent.com/pod-product-compliance
Ingram Content Group UK Ltd.
Pitfield, Milton Keynes, MK11 3LW, UK
UKHW020519180726
13839UKWH00005B/2193

9 782329 180410